Helga Thoma

GEGEN DEN STROM

Zivilcourage und Widerstand
im Dritten Reich

UEBERREUTER

Die deutsche Bibliothek – CIP-Einheitsaufnahme

Thoma, Helga:
Gegen den Strom : Zivilcourage und Widerstand im Dritten Reich /
Helga Thoma. – Wien : Ueberreuter, 2002
ISBN 3-8000-3886-2

Umschlaggestaltung von Zembsch' Werkstatt, München
Copyright © 2002 by Verlag Carl Ueberreuter, Wien
Druck: Ueberreuter Print
1 3 5 7 6 4 2

Ueberreuter im Internet: www.ueberreuter.at

INHALT

Vorwort

Mit der zunehmenden Distanz wächst auch das Interesse an der Zeit des Dritten Reiches und dessen Protagonisten. Ob es dabei vielleicht auch ein wenig an der viel zitierten Faszination des Bösen liegt, dass sich die Aufmerksamkeit in erster Linie auf die begangenen Verbrechen und deren Urheber konzentriert? Biografien und Psychogramme der Täter wurden und werden jedenfalls akribisch recherchiert und analysiert. Vergleichsweise wenig Beachtung finden dagegen immer noch jene, die damals auf der anderen Seite standen, die sich nicht von den Wahnideen und der allgegenwärtigen NS-Propaganda verführen und einnebeln ließen. Dabei war ihre Zahl bei näherer Betrachtung wahrscheinlich größer, als man es in Kenntnis der Geschehnisse vielleicht vermuten würde.

Bei den Reichstagswahlen vom Juli 1932 hatten gerade 38 Prozent der Deutschen Hitler und seine NSDAP gewählt. Das reichte zwar für den Wahlsieg, jedoch lediglich für 230 von 647 Abgeordnetensitzen. Selbst ein halbes Jahr später, bei den Wahlen vom 5. März 1933, als Hitler bereits deutscher Reichskanzler war, erhielt er mit 43,8 Prozent oder 288 von 647 Mandaten noch nicht einmal die einfache Mehrheit.

Es gab also damals offenbar noch genug Leute in Deutschland, die keine oder noch keine Nationalsozialisten waren. Aber sie hatten fortan keine Stimme mehr, denn demokratische Wahlen gehörten nach dem 5. März 1933 ebenso der Vergangenheit an wie Presse- und Meinungsfreiheit.

Viele – selbst anfängliche Nazi-Skeptiker – verschlossen damals die Augen und schwammen mit dem Strom, aus Angst oder einfach aus Bequemlichkeit. Das galt für die Deutschen wie – nach dem Anschluss von 1938 – auch für einen Großteil der Österreicher.

Und die, die sich auch weiterhin mit dem neuen Regime

nicht arrangieren konnten oder wollten, sahen zumeist keine andere Möglichkeit, als ihre Ablehnung für sich zu behalten, zu schweigen und zu hoffen, dass der Spuk bald vorüber sein würde. Das war verständlich, denn Widerstand, selbst passiver, wurde im Dritten Reich zu einer mitunter lebensgefährlichen Angelegenheit.

Dennoch gab es immer wieder Menschen, die bereit waren, dieses »tödliche Risiko« auf sich zu nehmen, weil sie nicht zusehen wollten, nicht konnten, wie hier Unrecht zum Staatsprinzip erhoben, Bürger- und Menschenrechte mit Füßen getreten und Andersdenkende verfolgt wurden. Aus eigenem Antrieb fanden sie den Mut zum offenen Widerstand gegen ein übermächtiges und gnadenloses Regime und folgten, allen Gefahren zum Trotz, ihrem Gewissen, ihrer Überzeugung oder schlicht und einfach ihrer Menschlichkeit.

Sie standen auf, während sich die Masse unter dem Terror duckte. Dabei war kaum einem von ihnen das Heldentum in die Wiege gelegt, waren sie weder Draufgänger noch Siegertypen, sondern fast durchwegs unauffällige, meist eher stille Menschen. Sie kamen aus den verschiedensten gesellschaftlichen Schichten und hatten die unterschiedlichsten politischen Ausrichtungen. Und so unterschiedlich wie ihre Herkunft waren auch ihre Motive, sich gegen die Hitler-Diktatur aufzulehnen. Den einen ging es um ihre persönliche Freiheit, andere handelten aus politischen oder aus religiösen Gründen und manchmal war es schlicht und einfach menschliches Empfinden, das den Ausschlag zur Rebellion gab. Allen gemeinsam war lediglich ein kritischer Blick für das, was um sie herum vorging, selbstständiges Denken und ein Gefühl für gut und böse, für Recht und Unrecht.

Das vorliegende Buch versucht die Biografien einiger dieser mutigen Männer und Frauen auf ihrem oft steinigen Weg hin zum Widerstand nachzuzeichnen. Die Auswahl der einzelnen Personen erfolgte dabei nach dem persönlichen Interesse der Autorin und im Bestreben, die unterschiedlichen Manifestationen von Widerstand in der Zeit des Nationalsozialismus darzustellen. Gleichzeitig sollten neben den bekannten Namen und Schicksalen auch weniger bekannte präsentiert werden.

So wurde etwa die Amerikanerin Muriel Gardiner-Buttinger als Repräsentantin für den Widerstand der Frauen wie der Sozialdemokraten ausgewählt, während Johann Georg Elser die Arbeiterschaft vertritt. Roman Karl Scholz wiederum steht für die Geistlichkeit und die österreichischen Patrioten, Hans und Sophie Scholl für die Auflehnung der Jugend und der Studenten. Die Beispiele von Scholz und den Geschwistern Scholl zeigen zudem auch deutlich, wie schwierig es manchmal war, Hitlers Politik zu durchschauen und sich der NS-Ideologie zu entziehen.

Ganz anders dagegen der Fall des oberösterreichischen Bauern Franz Jägerstätter, der von Anfang an den Nationalsozialismus ablehnte und der lieber sein Leben ließ, als einer Ideologie zu dienen, die sich nicht mit seiner tiefen Gläubigkeit vereinbaren ließ.

Was schließlich den Widerstand in der Wehrmacht betrifft, so wurden bewusst nicht die Männer des 20. Juli 1944 als Beispiel gewählt, sondern der weitgehend unbekannte Feldwebel Anton Schmid, der an seinem litauischen Einsatzort verfolgten Juden half und dafür zum Tode verurteilt wurde.

Wenn diese Lebensgeschichten auch zum Teil von sehr viel Leid und persönlicher Tragik überschattet sind, so geht von ihnen dennoch etwas ungemein Tröstliches aus, denn sie werfen gewissermaßen ein paar lindernde Lichtstrahlen in das wohl dunkelste Kapitel der deutschen und der österreichischen Vergangenheit. Sie erzählen uns, dass es damals auch Menschen gab, die weder mitgemacht noch weggeschaut haben, sondern im Rahmen ihrer Möglichkeiten gegen das Unrecht aufgetreten sind. Und sie machen uns Mut, Mut zur Kritik, zum selbstständigen Denken, zum Individualismus und zur Zivilcourage, Mut auch, gegebenenfalls gegen den Strom zu schwimmen und sich der Masse zu verweigern.

So kann man, wie Anna Freud es einmal formulierte, aus Geschichten wie diesen zumindest zwei Lehren ziehen: »Erstens, dass es selbst für einzelne Individuen möglich ist, ihre Kräfte erfolgreich gegen ein unmenschliches Regime zu mobilisieren, und zweitens, dass es für jede Gruppe von Personen, die Lust am Foltern und Vernichten von Menschen empfindet, zumindest eine ›aufrechte‹ Person, Mann oder Frau, gibt, die bereit ist zu helfen, zu befreien oder sich für ihre Mitmenschen zu opfern.«

Ihre Dollars retteten Menschen

MURIEL GARDINER-BUTTINGER

1901–1985

Noch viele Jahre später wird sich Muriel Morris an den intensiven Fliederduft erinnern, der sie empfing, als sie an einem strahlend schönen Frühlingstag im Mai 1926 am Wiener Westbahnhof eintraf. Die gebürtige Amerikanerin war damals 25 Jahre alt, attraktiv, gebildet und – last but not least – steinreich. Und dennoch war sie kein glücklicher Mensch, sondern mit sich und der Welt unzufrieden. Seit ihrer Kindheit litt sie an nervösen Störungen, darunter eine eigenartige Schmetterlings- und Mottenphobie, die sie als außerordentlich belastend empfand.

Dies war auch der Grund, weshalb sie nach Wien gekommen war. Sie wollte sich hier vom berühmten Dr. Freud analysieren lassen, dessen Ruf mittlerweile bis in die USA gelangt war.

Sobald die junge Frau also ihr Hotelzimmer bezogen hatte, schrieb sie an Freud und bat um einen Termin. Die Antwort des Arztes kam prompt, war aber abschlägig. Er bedaure, aber er sehe sich außer Stande, neue Patienten anzunehmen. Doch er könne sie an eine junge Kollegin und ehemalige Schülerin verweisen, Dr. Ruth Mack (nach ihrer Heirat Dr. Brunswick).

Miss Morris war enttäuscht, aber weil sie nun schon einmal in Wien war, beschloss sie, sich in die Hasenauerstraße im 18. Bezirk zu Dr. Mack zu begeben.

Die beiden Frauen waren einander sogleich sympathisch. Dr. Mack war ebenfalls Amerikanerin – Tochter eines bekannten Jugendrichters aus Chicago –, was die Kommunikation schon aus sprachlichen Gründen wesentlich erleichterte. Sie erklärte sich bereit, die psychoanalytische Behandlung ihrer Landsfrau zu übernehmen, und bald darauf begann Muriel Morris, ihr bisheriges Leben vor der Ärztin auszubreiten.

* * *

Sie war am 23. November 1901 in Chicago als jüngstes von

vier Kindern des Ehepaares Edward und Helen Morris zur Welt gekommen. Ihre Familie gehörte zu den reichsten der USA, was sie vor allem der Tüchtigkeit von Großvater Nelson Morris zu verdanken hatte, welcher um die Mitte des 19. Jahrhunderts ganz alleine und gerade erst 13 Jahre alt aus seiner süddeutschen Heimat nach Amerika gekommen war. Damals hieß er noch Beisinger und hatte angeblich nur einen einzigen Dollar in der Tasche. Aber mit viel Talent und dem nötigen Quäntchen Glück arbeitete er sich innerhalb kürzester Zeit vom einfachen Farmarbeiter zum Besitzer eines der größten Fleischverarbeitungsbetriebe von Chicago hoch. Sein Sohn Edward übernahm später das Geschäft und baute es durch seine Heirat mit Helen Swift, der Erbin eines weiteren großen Fleschereibetriebes, zum Imperium aus.

So kam es, dass Muriel Morris, ihre Schwester und ihre beiden Brüder in einem unvorstellbaren Luxus aufwuchsen. Das Haus, in dem sie lebten, ähnelte einem Schloss im Spättudorstil. Es lag inmitten eines riesigen, parkähnlichen Gartens, verfügte über mehrere Tennisplätze, Stallungen und Garagen. Und mehr als ein Dutzend Bedienstete kümmerten sich zudem tagtäglich um das Wohl seiner Bewohner.

Von einem Sich-gehen-Lassen der Herrschaft konnte dennoch keine Rede sein. Im Gegenteil. Edward und Helen Morris stellten hohe moralische Ansprüche an sich und an ihre Kinder. Disziplin, Arbeit, Ehrlichkeit, Fairness, Höflichkeit und Gehorsam waren die Werte, die für sie an oberster Stelle standen. Obwohl der Vater eigentlich jüdischer Abstammung war, wurden die Kinder im protestantischen Glauben der Mutter erzogen. Beide Eltern waren bei der Erziehung sehr streng, sodass sich vor allem die kleine Muriel mehr vor ihnen fürchtete, als dass sie sie liebte. Vor allem der Vater blieb ihr fremd. Edward Morris arbeitete viel und nahm sich kaum Zeit für seine Kinder. Er starb, als Muriel erst 13 Jahre alt war.

Die Zärtlichkeit und Wärme, die ihm die Eltern versagten, fand das Mädchen bei seiner Nurse, Mollie. Mit zunehmendem Alter aber machte es sich deswegen Vorwürfe, weil es die Mutter nicht so lieben konnte wie ihre Nurse.

Eine starke Empfindsamkeit und der Hang zur Selbstreflexion gehörten zu den auffallendsten Eigenschaften der kleinen Muriel, die sich ansonsten als begabtes und intelligentes Kind erwies, das große Freude am Lernen hatte. Auf Grund ihrer übermäßigen Sensibilität aber machten sich bei ihr mit der Zeit verschiedene neurotische Symptome bemerkbar. Sie bekam nächtliche Albträume, hatte eine unerklärliche, hysterische Angst vor Schmetterlingen und Motten und entwickelte seltsamste Angewohnheiten und Rituale. In der Familie stand man diesem zwanghaften Verhalten mit Verständnislosigkeit gegenüber. Dass dahinter vielleicht die leidende Seele eines einsamen, hochsensiblen Kindes stehen könnte, daran dachte damals noch niemand.

Muriel Morris nahm die Eindrücke ihrer Umwelt offenbar stärker auf als die meisten ihrer Altersgenossen. Es gab so viele Dinge, die ihr nahe gingen, die sie belasteten, die sie quälten.

Da war zum Beispiel der Untergang der »Titanic« im Jahre 1912. Mit großer Anteilnahme las die Elfjährige damals die Zeitungen, die lang und breit über all die Tragödien berichteten, die sich dort unter den reichen Passagieren – unter ihnen mehrere aus dem Bekanntenkreis ihrer Eltern – abgespielt hatten. Betroffen stellte sie jedoch fest, dass sich die Welt anscheinend nur für das Schicksal dieser Hand voll Leute interessierte und niemand nach den vielen Hunderten Menschen fragte, die auf dem Zwischendeck der »Titanic« gereist und auf nicht minder tragische Weise zu Tode gekommen waren.

Wieder einmal hatte sich Muriel Morris' ausgeprägter Gerechtigkeitssinn gemeldet. Schon im Alter von acht oder neun Jahren war ihr der eklatante Unterschied zwischen Arm und Reich aufgefallen, eine Entdeckung, die ihr großes Unbehagen bereitete. Da waren Welten zwischen dem Luxus, in dem sie mit ihren Eltern 1910 nach England reiste, und der Überfahrt von Irland in die USA, von der eines der Hausmädchen zu erzählen wusste: zusammengepfercht im stickigen Bauch eines Schiffes zwischen Ladegut und Ratten; überall Dreck, Gestank, dazu die ständige Gefahr, zu erkranken und tagelang nichts als wässrige Suppe und Kartoffelschalen zu essen.

Je älter sie wurde, umso deutlicher nahm die Tochter aus reichem Haus soziale Ungerechtigkeiten wahr. Auch die Diskriminierung der Frauen in der Gesellschaft entging ihr nicht. Fasziniert verfolgte sie den Kampf der Suffragetten um gleiche Rechte. Schließlich hatte auch sie bereits schmerzlich erfahren müssen, dass ihren Brüdern weit mehr Freiheiten zugestanden wurden als ihr selbst.

Ähnlich wach war Muriel Morris' Interesse an der Politik. Als sie 1917 vom Ausbruch der Revolution in Russland hörte, war sie zwar wie die meisten entsetzt über das Blutvergießen und Morden, das dadurch ausgelöst worden war. Die Idee von einer Gesellschaft mit gleich verteiltem Eigentum aber gefiel ihr.

1918 ging Muriel an das renommierte Wellesley-College in der Nähe von Boston, was für sie den Beginn einer bisher nicht gekannten Unabhängigkeit bedeutete. Sie war froh, endlich der mütterlichen Kontrolle zu entkommen und ihr eigenes Leben führen zu können. Betroffen vom Nachkriegselend in Europa engagierte sie sich als Vorsitzende des Hilfskomitees ihrer Schule. Zwei Briefe, die sie damals erreichten, blieben ihr in Erinnerung. Der eine war von der Wiener Universität, die um Hilfe für kranke und hungernde Studenten bat. Der andere von einer verzweifelten Frau aus Bayern, deren drei kleine Kinder vom Verhungern bedroht waren.

Nach eigener Aussage empfand Muriel Morris damals ein tiefes Gefühl der Scham, weil sie selbst in übergroßem Reichtum lebte, während so viele Menschen kaum zu essen hatten. Und so setzte sie einen radikalen Schritt, um, wie sie es selbst formulierte, »unabhängig von materiellen Din-

gen zu werden«. Sie verkaufte ihre teuren Kleider, ihre Pelz-
mäntel, den Schmuck und sogar ihre geliebten Bücher und
sandte das Geld den österreichischen Studenten und der
bayerischen Mutter. Fortan fühlte sie sich beinahe schuldig,
wenn sie Geld für sich selbst ausgab. Sie besaß jetzt nicht
einmal mehr eine Uhr, statt sich Bücher zu kaufen, ging sie
in die Bibliothek um dort zu lesen, sie gewöhnte sich an
kalte Duschen selbst im Winter und eine Zeit lang schlief
sie sogar auf dem Fußboden um sich abzuhärten und zur
Selbstdisziplin zu erziehen. Ein äußerst ungewöhnliches
Verhalten für ein Millionärstöchterchen, das ab seinem 21.
Lebensjahr über ein eigenes, nicht unbeträchtliches Ein-
kommen verfügte, nachdem ihre Brüder 1920 die Firma
verkauft hatten. Aber Muriel Morris wollte keine dieser ver-
wöhnten, aufgeputzten und oberflächlichen Society-Ladys
werden, die in ihren Kreisen so zahlreich verkehrten, sondern sie wollte lieber etwas Sinnvolles tun und sich für die
Not Leidenden und Verfolgten dieser Welt einsetzen.
Wegen ihrer sozialen Ader und ihrer offenkundigen Sympathie für den Sozialismus stand sie am College bald in dem
Ruf, eine »Rote«, eine »Bolshi« zu sein. Daheim war man
zwar nicht gerade erfreut über ihre Ansichten, aber man respektierte sie zumindest.
1922 schloss Muriel Morris das College mit dem Bakkalau-
reat in Geschichte und Literatur ab. Ihr Wunsch war es,
Lehrerin zu werden, zuvor aber wollte sie sich noch zusätzliche Kenntnisse in Europa erwerben. Im September desel-
ben Jahres schiffte sie sich daher gemeinsam mit einer
Freundin nach Italien ein. Sie studierte in Rom und Oxford
und reiste kreuz und quer durch den Kontinent, bis sie
schließlich im Mai 1926 in Wien landete.

* * *

Da ihre psychoanalytische Behandlung bei Dr. Mack sicher
ein bis zwei Jahre in Anspruch nehmen würde, mietete Mu-

16

riel Morris eine Wohnung in der Frankgasse im 9. Wiener Gemeindebezirk. Von hier aus hatte sie es nicht weit zur Universität, wo sie Vorlesungen in Pädagogik besuchen wollte. Und mit der Straßenbahn waren es nur wenige Stationen in den 18. Bezirk zu ihrer Analytikerin.

Die junge Amerikanerin richtete sich für einen längeren Aufenthalt in der österreichischen Hauptstadt ein, nahm Klavierstunden und arbeitete nebenbei bei einem Buchbinder. Den einzigen Luxus, den sie sich erlaubte, war ein Wochenendhäuschen in Sulz im Wienerwald und gelegentliche Reisen. In ganz besonderer Erinnerung aber sollte ihr ein Besuch beim verehrten Professor Freud bleiben. Gemeinsam mit ihrer Therapeutin hatte sie eine Einladung zum Tee bei den Freuds erhalten. Da es sich um einen Familiennachmittag handelte, beschränkten sich die Gespräche auf eine angeregte, aber zwanglose Plauderei, dennoch war Muriel Morris, wie sie es eigentlich erwartet hatte, vom Professor beeindruckt, »mehr noch von seinem Gesicht, seinen ausdrucksvollen, scharfsinnigen Augen und seiner ernsten, doch charmanten Wesensart, als von dem, was er sagte«.

Muriel Morris gefiel es in Wien. Vom Elend der Nachkriegsjahre war kaum noch etwas zu bemerken. In den vergangenen Jahren waren Hunderte Gemeindewohnungen errichtet worden, dazu Kindergärten, Jugendämter, Mutterberatungsstellen, Ambulanzen und diverse Bildungsstätten. Beeindruckt stellte Muriel Morris fest, dass es in Wien keine Slums gab wie in den großen amerikanischen Städten, dafür aber eine obligatorische Krankenversicherung, etwas wovon die meisten Amerikaner nur träumen konnten. Mit seiner umfassenden Sozialgesetzgebung – Einführung des Achtstundentages, bezahlter Urlaub für Arbeiter, Kollektivverträge, Verbot der Kinderarbeit, Arbeitslosenversicherung und -unterstützung, Invalidenfürsorge, Einrichtung von Arbeiterkammern usw. – galt Österreich damals sogar weltweit als Vorbild.

Weniger positiv stand es dagegen um die politische Entwicklung im Lande. Die Gegensätze zwischen den regierenden Christlichsozialen und den oppositionellen Sozialdemokraten wurden von Jahr zu Jahr zu größer. Man konnte nicht mehr miteinander reden, geschweige denn miteinander arbeiten. Inzwischen verfügten bereits beide Seiten über eigene Parteiarmeen und es war eigentlich nur noch eine Frage der Zeit, bis es zu gewaltsamen Zusammenstößen kommen würde.

Am 30. Januar 1927 gerieten im burgenländischen Schattendorf sozialistische Schutzbündler und christlichsoziale Frontkämpfer aneinander. Schüsse fielen. Ein Kind und ein alter Mann wurden getötet. Die schuldigen Frontkämpfer wurden jedoch von einem Geschworenengericht freigesprochen.

Das Fehlurteil erregte die Gemüter. Am 15. Juli 1927 marschierten Hunderte sozialistische Demonstranten zum Justizpalast und steckten ihn in Brand. Regierungskräfte schritten ein und schossen in die Menge. Die Bilanz: 89 Tote.

Von diesem Tag an schien eine Versöhnung zwischen den beiden großen österreichischen Parteien unmöglicher denn je. Das Klima im Lande radikalisierte sich zusehends, vor allem als die Weltwirtschaftskrise 1929 auch Österreich erfasste und die Arbeitslosigkeit in die Höhe trieb.

1929 hätte eigentlich Muriel Morris' letztes Jahr in Wien sein sollen, da ihre Psychoanalyse bei Dr. Brunswick im Juni zu Ende ging. Sie traf auch bereits Vorbereitungen für ihre Heimreise nach Amerika, als ihr sozusagen die Liebe dazwischen kam und sie in der österreichischen Hauptstadt zurückhielt.

Durch ihren Wiener Klavierlehrer hatte sie Julian Gardiner, einen englischen Musikstudenten, kennen und lieben gelernt. Sie heirateten und beschlossen, so lange in Wien zu bleiben, bis Julian sein Studium beendet hatte. Im März 1931 kam Tochter Connie zur Welt, doch schon wenig später wurde die Ehe in beiderseitigem Einvernehmen wieder geschieden.

Inzwischen hatte Muriel Gardiner den Entschluss gefasst, an der Universität Wien ein Medizinstudium mit Schwerpunkt Psychoanalyse zu beginnen, um ihr Wissen später in ihrer pädagogischen Tätigkeit anzuwenden. Dank eines tüchtigen Kindermädchens konnte die nunmehr allein erziehende Mutter neben ihrem Studium auch noch Privatunterricht bei August Aichhorn und Siegfried Bernfeld, den führenden Erziehungswissenschaftern jener Zeit, nehmen. Außerdem gehörte sie bald jenem exklusiven Psychoanalytikerkreis um Anna Freud an, der sich jeden Mittwochabend zum Gedankenaustausch traf.

Mehr als sechs Jahre lebte Muriel Gardiner nun schon in Österreich, wo sich die politische Entwicklung zuzuspitzen begann. Die christlichsoziale Regierung unter Kanzler Engelbert Dollfuß, der im Mai 1932 sein Amt angetreten hatte, verfügte im Parlament über die denkbare knappe Mehrheit von lediglich einer einzigen Stimme. Gleichzeitig sah sie sich einem wachsenden Druck der Opposition ausgesetzt. Ein Druck, der mittlerweile von zwei Seiten erfolgte: auf der einen von den unversöhnlichen Sozialdemokraten, auf der anderen von den immer stärker werdenden Nationalsozialisten. Letztere erhielten neuen Auftrieb, als am 30. Januar 1933 im benachbarten Deutschland Adolf Hitler mit seiner NSDAP an die Macht kam. Der Ruf nach einem Anschluss Österreichs wurde laut. Dollfuß reagierte auf die Bedrängnis mit der Ausschaltung des Parlaments im März 1933 und der Errichtung eines autoritären Regierungssystems nach italienischem Vorbild. Die Opposition im Lande aber konnte er damit keinesfalls zum Schweigen bringen.

Obwohl die NSDAP in Österreich verboten worden war, begann der Nationalsozialismus immer weitere Kreise zu ziehen, ebenso wie der seit jeher latent vorhandene Antisemitismus. Eine Entwicklung, die auch an den Universitäten nicht vorüberging. Muriel Gardiner wurde selbst ein paar Mal Zeugin, wie nationalsozialistische Studenten ihre jüdischen Kollegen anpöbelten. Und manchmal uferten solche

Wortgefechte in der Folge sogar in wilde Schlägereien und beängstigende Tumulte aus.

Nicht zuletzt wegen der prekären politischen Lage beschloss Muriel Gardiner, im Sommer 1934 Österreich zu verlassen und ihr Studium in Amerika fortzusetzen. Sie hatte bereits per August ihre Wohnung in der Frankgasse gekündigt, als etwas passierte, das sie erneut zum Bleiben veranlasste.

Es war Montag, der 12. Februar 1934. Muriel Gardiner hatte gerade eine Analysestunde bei Dr. Brunswick, als in Österreich der Bürgerkrieg ausbrach. Die Schüsse rund um den Karl-Marx-Hof waren bis in die Hasenauerstraße im 18. Bezirk zu hören. Da es in dieser Situation zu gefährlich schien, mit der Straßenbahn nach Hause zu fahren, war Muriel Gardiner dankbar, dass ihr Dr. Brunswick ihren Wagen mit Chauffeur zur Verfügung stellte. Die Fahrt durch den kalten, nebeligen Februarabend war beklemmend. Überall sah man Militärfahrzeuge, an allen Ecken standen Polizei und Soldaten mit Maschinengewehren herum.

Fünf Tage kämpften Sozialisten und Regierungseinheiten gegeneinander. Auf beiden Seiten gab es Tote und Verletzte. Insgesamt mussten 265 Menschen ihr Leben lassen. Die Reaktion der Regierung auf diesen Aufstand war ein Verbot der SPÖ und der Gewerkschaften. 2000 Sozialisten wurden verhaftet, neun von ihnen standrechtlich gehenkt. Den Köpfen der österreichischen Sozialdemokratie, unter ihnen Otto Bauer und Julius Deutsch, aber gelang im letzten Augenblick die Flucht in die Tschechoslowakei. Von dort aus dirigierten sie nun die heimliche Weiterführung des Kampfes gegen die Diktatur des Ständestaates.

Mit einer Mischung aus Mitleid und Verzweiflung verfolgte Muriel Gardiner die Beisetzungsfeierlichkeiten, die auf dem Wiener Rathausplatz für die gefallenen Kämpfer der Dollfuß-Regierung veranstaltet wurden. Gleichzeitig aber empfand sie Zorn und das drängende Bedürfnis, etwas zu tun. Sie wollte nicht länger nur traurige Zuschauerin sein, während – nicht nur in Wien – die Demokratie und ihre hart erkämpften Errungenschaften zu Grabe getragen wurden.

Binnen weniger Tage, vielleicht sogar innerhalb weniger Minuten, fasste Muriel Gardiner damals den Entschluss, politisch aktiv zu werden. Ihr Herz schlug ja seit jeher für den Sozialismus. Jetzt wollte sie ihren Gesinnungsgenossen helfen. Aber wie?

Ihr Wiener Freundeskreis bestand in erster Linie aus Künstlern, Medizinern und Studenten, von denen keiner in irgendeiner Weise in die österreichische Innenpolitik involviert war. Doch hatte sie hier auch einige englische Freunde, Journalisten, die ihre weltanschauliche Haltung kannten und die sie nun mit den untergetauchten österreichischen Sozialisten in Kontakt brachten.

Muriel Gardiner wurde in die Regeln des Untergrundkampfes eingeweiht und legte sich den Decknamen »Mary« zu. Im Untergrund kannte fast niemand den richtigen Namen der Leute, mit denen er zu tun hatte; damit schützte man sich und die anderen vor Verrat.

Zunächst wurde »Mary« hauptsächlich als eine Art Vermittlerin eingesetzt. Nach kurzer telefonischer Ankündigung kamen Leute in ihre Wohnung und gaben etwas ab, das andere wieder abholten. Manchmal suchte einer auch für kurze Zeit Unterschlupf, meistens jedoch wurde Geld gebraucht. Davon konnte Muriel dank ihres Vermögens ja genügend besorgen. Später musste sie auch des Öfteren nach Brünn fahren, um Nachrichten oder Unterlagen für die dort befindlichen Sozialistenführer zu überbringen.

Eines Tages tauchte ein gut aussehender und überaus charmanter Engländer bei ihr auf und übergab ihr ein Kuvert mit Geld, das sie am nächsten Tag um 14 Uhr an einer bestimmten Straßenbahnhaltestelle einem »Genossen« aushändigen sollte. Mehr als dreißig Jahre später, erfuhr sie durch E. H. Cookridges Buch »Der Dritte Mann«, dass es sich bei ihrem mysteriösen Besucher im Frühjahr 1934 um den berühmten Spion Kim Philby gehandelt hatte. Auch von ihr selbst war in diesem Buch die Rede, als einer Engländerin, bekannt als »Mary«, die ihr Haus für Treffen des Sozialistischen Zentralkomitees zur Verfügung stellte. In Klammer stand sogar ihr wirklicher Name.

Da sie ihre Wohnung in der Frankgasse bereits gekündigt hatte, musste sich Muriel Gardiner nach einer neuen Bleibe umsehen. Das war nicht ganz einfach, denn in Wien war Wohnraum nach wie vor knapp. Schließlich aber fand sie doch eine Unterkunft in der Rummelhardtgasse und kurz darauf stellte ihr auch noch ein befreundeter Architekt sein Atelier in der nahe gelegenen Lammgasse zur Verfügung. Letzteres war besonders für ihre Zwecke geeignet, da es im obersten Stock lag und damit uneinsehbar war. Auch das Haus, in dem es sich befand, konnte unbeobachtet betreten werden, da die Hausbesorgerwohnung auf der Rückseite lag. Sogar ihr Wochenendhaus in Sulz diente von nun an verfolgten Sozialdemokraten des Öfteren als Unterschlupf.

Eben dort tauchte im Februar 1935 ein gewisser Joseph Wieser auf, den sie bereits einige Zeit zuvor kennen gelernt hatte. Sie wusste, dass er in Wirklichkeit Joseph Buttinger hieß und der Führer der »Revolutionären Sozialisten« war. Buttinger, Jahrgang 1906, stammte aus einfachsten Verhältnissen. Schon früh hatte er sich der Arbeiterbewegung angeschlossen und sich schließlich durch intensive Weiterbildung bis zum Parteisekretär von St. Veit an der Glan emporgearbeitet. Im Februar 1934 war er verhaftet worden. Nach seiner Freilassung im August ging er in den Untergrund und übernahm die Führung der »Revolutionären Sozialisten«.

Zwischen Muriel Gardiner und Joseph Buttinger entwickelte sich rasch eine große Sympathie, die bald darauf in eine Liebesbeziehung überging. Aus Sicherheitsgründen wohnten sie jedoch meist getrennt, »Joe« im Studio in der Lammgasse, Muriel und ihre Tochter Connie in der Rummelhardtgasse. Aus Zeitmangel gab sie damals ihre Untergrund-Tätigkeit auf und arbeitete von nun an neben ihrem Studium nur noch für »Joe« Buttinger. Sie half ihm bei Schreibarbeiten, erledigte Wege oder fuhr für ihn nach Brünn. Als führender Sozialist schwebte Buttinger natürlich in ständiger Gefahr, verhaftet zu werden. Er besaß zwar einen gefälschten tschechischen Pass lautend auf den Namen Dr. Ernst Janisch, doch für Muriel als unverdächtige Amerikanerin war das Reisen natürlich noch weitaus gefahrloser.

In den folgenden drei Jahren fuhren sie sogar mehrmals gemeinsam ins Ausland, nach Brüssel, London, Paris oder im Winter zum Skifahren nach Arosa. In London sah Muriel nach langer Zeit ihre Mutter wieder, die keine Ahnung von der illegalen Tätigkeit ihrer Tochter hatte.

In Österreich wuchs unterdessen der Druck der Nationalsozialisten auf die Regierung. Ihr Putschversuch am 25. Juli 1934, bei dem Kanzler Dollfuß ums Leben gekommen war, war noch gescheitert, aber dank der Rückendeckung aus Deutschland bekamen sie rasch wieder Oberwasser. Zwar schlug der neue Regierungschef, Dr. Kurt Schuschnigg, einen etwas gemäßigteren Kurs ein als sein Vorgänger, doch seine Versuche, sich mit der Opposition zu verständigen, scheiterten. Zu groß war die Angst vor den Linken, um mit ihnen eine Front gegen die zunehmende deutsche Gefahr zu bilden. Schuschnigg glaubte offenbar durch Nachgiebigkeit und Konzessionen gegenüber Hitler Österreichs Unabhängigkeit bewahren zu können. Doch musste er erkennen, dass er sich einer Illusion hingegeben hatte.

Im Februar 1938 befanden sich Muriel Gardiner und Joe Buttinger gerade in Paris, als sie vom schicksalhaften Treffen zwischen Schuschnigg und Hitler in Berchtesgaden erfuhren. Der österreichische Kanzler beugte sich damals den Drohungen des Führers und erklärte sich bereit, sämtliche politische Gefangene zu amnestieren und Nationalsozialisten in sein Kabinett aufzunehmen. So wurde am 16. Februar 1938 Hitlers Vertrauensmann Dr. Arthur Seyss-Inquart Innenminister, womit, wie es Joe Buttinger bezeichnete, »der Grundstein für die österreichischen Gestapo« gelegt wurde.

Er forderte damals seine Mitstreiter auf, sich für eine Flucht ins Ausland bereit zu machen, doch die meisten waren auf Grund der Amnestie wieder optimistisch geworden und schlugen die Warnungen in den Wind.

Zu diesem Zeitpunkt hatten bereits zahlreiche jüdische Mitbürger das Land verlassen, die angesichts des zunehmenden Antisemitismus in Österreich ahnten, dass es über kurz oder lang auch hier zu ähnlichen Zuständen wie in Deutschland kommen würde. Und sie sollten Recht behalten. Andere aber hofften offenbar immer noch, dass Schuschnigg die Freiheit Österreichs verteidigen werde können. Vergebens. Nicht einmal einen Monat lang sollte es die Republik noch geben.

Mit dem Amtsantritt von Seyss-Inquart begannen die Vorbereitungen für eine Machtergreifung Hitlers in Österreich. Schuschnigg sah seinen Fehler rasch ein. Er setzte eine Volksabstimmung für den 13. März 1938 an, die über den Anschluss entscheiden sollte. Doch es war bereits zu spät. Hitler drohte mit dem Einmarsch deutscher Truppen, falls die Volksabstimmung stattfinden sollte. Sie wurde abgesagt, und am Abend des 11. März 1938 gab Schuschnigg seinen Rücktritt zu Gunsten von Seyss-Inquart bekannt. »Die deutsche Reichsregierung hat dem Herrn Bundespräsidenten ein befristetes Ultimatum gestellt, nach welchem der Herr Bundespräsident einen ihm vorgeschlagenen Kandidaten zum Bundeskanzler zu ernennen und die Regierung nach den Vorschlägen der deutschen Reichsregierung zu bestellen hätte, widrigenfalls der Einmarsch der deutschen Truppen in Österreich für diese Stunde in Aussicht genommen würde. Ich stelle vor der Welt fest, dass Nachrichten, die in Österreich verbreitet wurden, dass Arbeiterunruhen gewesen seien, dass Ströme von Blut geflossen seien, dass die Regierung nicht Herr der Lage sei und aus eigenem hätte nicht Ordnung machen können, von A bis Z erfunden sind. Der Herr Bundespräsident beauftragt mich, dem österreichischen Volke mitzuteilen, dass wir der Gewalt weichen. So verabschiede ich mich in dieser Stunde von dem österreichischen Volk mit einem deutschen Wort und einem Herzenswunsch: Gott schütze Österreich!«

Am nächsten Morgen überschritten deutsche Einheiten die Grenze, ohne dass ihnen das österreichische Bundesheer Widerstand geleistet hätte. Ein Großteil der Bevölkerung befand sich schon seit dem Vortag in einem wahren Freudentaumel. Der englische Journalist William Lawrence Shirer schildert in seinem Tagebuch, was sich in diesen historischen Stunden auf den Straßen Wiens abspielte: »Ich wurde von einem brüllenden, hysterischen Nazi-Mob mitgerissen. ›Sieg Heil! Sieg Heil! Heil Hitler! Heil Hitler! Heil Hitler! Hängt Schuschnigg! Hängt Schuschnigg! Hängt Schuschnigg! Ein Volk! Ein Reich! Ein Führer!‹ So brüllte es um mich herum. Und die Polizei? Sie stand am Rande und grinste ...

Wir hören, die Nazis haben den Ballhausplatz eingenommen. Wir rennen rüber zum Platz ... Zwanzig Sturmtruppleute bilden eine menschliche Pyramide vor dem Kongressgebäude und der oberste entrollt eine riesige Hakenkreuzfahne. Die Menge jubelt.

In der Johannesgasse vor dem Rundfunkgebäude stehen Männer in feldgrauen Uniformen und mit aufgepflanzten Bajonetten. Ich erkläre, wer ich bin. Nach langem Warten lassen sie mich rein. Die Halle ist voll von Armee-Uniformen, SS- und SA-Uniformen. Revolver blinken. Zwei oder drei Uniformierte halten mich an. Ich nehme meinen ganzen Mut zusammen und blaffe sie an. Schließlich komme ich durch zu den Studios. Czeja, der Generaldirektor, und Erich Kunsti, der Programmdirektor, sind beide umgeben von aufgeregt schnatternden Nazi-Jungens. Ein Blick genügt: Sie sind Gefangene ...«

Doch nicht jedem im Lande war damals zum Feiern zu Mute. Auch Muriel Gardiner nicht. Sie hatte gerade ihre kleine Tochter zu Bett gebracht und dadurch Schuschniggs Rede im Radio nicht gehört. Plötzlich aber drang von der Straße Lärm herauf. Sie lief zum Fenster, das auf die Spitalgasse hinausging. Der Anblick, der sich ihr bot, jagte ihr Angst ein: »Die Gasse war von Menschen erfüllt, einer sich drängenden, bewegenden Menge, viele trugen Hakenkreuzfahnen und sangen das Horst-Wessel-Lied, das Lied der Nazis. Welch eine Veränderung hatte sich innerhalb einer halben Stunde ereignet! Und ich wusste mit stark klopfendem Herzen, dass was ich da sah nur eine schwache Vorankündigung der profunden Veränderungen bedeutete, die darauf ausgerichtet waren, unser aller Leben zu zerrütten – nur ein Vorzeichen von künftiger Verheerung, Tod und Zerstörung. Diese Momentvision der Zukunft – vielleicht ähnlich der des Rückblicks in die Vergangenheit, wie sie Menschen unmittelbar angesichts des Todes beschreiben – ließ mich einen Moment lang schwach und schwindelig werden. Dann wurde es klar in meinem Kopf.«

Jetzt musste alles sehr schnell gehen. Die Zeit drängte. Die Gefahr wurde mit jeder Stunde größer. Denn mit dem Einmarsch der Deutschen begann die systematische Verfolgung der Juden und Andersdenkender. Jeden Augenblick konnte die Gestapo vor ihrer Tür stehen. In aller Eile vernichtete Muriel Gardiner daher die illegalen Schriften, die sich in ihrer Wohnung befanden. Mangels eines Ofens zerriss sie die Papiere in kleine Schnitzel und spülte sie in der Toilette hinunter.

Ihre größte Sorge aber galt zunächst ihrem Kind. Sie musste Connie unverzüglich in Sicherheit bringen! Und Joe natürlich auch. Denn als bekannter Sozialist und politischer Gegner war er nun unter den Nazis gefährdeter denn je. Also überredete sie ihn, dass er am nächsten Morgen mit der Kleinen und dem Kindermädchen in die Schweiz reiste. Sie selbst wollte so lange wie möglich in Wien bleiben, um bedrängten Freunden zur Flucht ins Ausland zu verhelfen.

Der Tag, an dem die drei abgereist waren, wurde für Muriel Gardiner einer der quälendsten ihres Lebens. Ab acht Uhr abends wartete sie auf den vereinbarten Anruf, dass alles gut gegangen sei. Jede Minute, jede Stunde, die verstrich, ohne dass das Telefon klingelte, stürzte sie in immer größere Verzweiflung. Dann endlich um halb ein Uhr morgens kam der erlösende Anruf. Connie und das Kindermädchen waren in Arosa angekommen und Joe war nach Paris weitergereist.

Erleichtert und mit neuem Elan ging Muriel Gardiner nun daran, ihren Freunden aus dem Untergrund und jenen, die man zu ihr schickte, zur Ausreise aus Österreich zu verhelfen. Es wurde mit jedem Tag schwieriger, das Land zu verlassen. Geld in österreichischer Währung durfte überhaupt nicht mehr ausgeführt werden. Selbst Bahnkarten durften nur bis zur Grenze in Schilling bezahlt werden, die weitere Strecke musste in ausländischer Währung beglichen werden. Für viele stellte dies jedoch eine unüberwindbare Hürde dar. Glücklicherweise hatte sich Muriel Gardiner einige Tage zuvor von ihrer Bank in Holland einen größeren Betrag in US-Dollar anweisen lassen, sodass sie an diesem Wochenende, an dem der Anschluss stattfand, nicht ohne Bargeld dastand. Als junges Mädchen hatte sie sich oft ihres Reichtums geschämt. Nun aber war sie unendlich froh, über ein großes Vermögen zu verfügen. Ein Vermögen, das jetzt erst einen richtigen Sinn erhielt, weil es Menschen in Not half. Vielen retteten ihre Dollars damals das Leben.

Die Zeit drängte. Vor den Konsulaten bildeten sich bereits lange Schlangen von Ausreisewilligen. Muriel Gardiner schrieb sich in jenen Tagen die Finger wund, als sie für ihre gefährdeten Freunde aus dem Untergrund, aber auch für ihre jüdischen Kollegen aus dem Psychoanalytikerkreis so genannte »Affidavits« ausstellte, eidesstattliche Erklärungen, die die Erlangung eines Visums für die USA erleichterten und beschleunigten. Sie bat auch einflussreiche Bekannte in Frankreich und England, darunter auch Prinzessin Marie Bonaparte, um Affidavits und Einladungen für verfolgte Österreicher.

Aber die Leute brauchten natürlich auch Pässe, denn mit ihren eigenen konnten die meisten ja nicht reisen. Zum

Glück war damals die Tschechoslowakei noch ein freies Land und die dort befindlichen sozialdemokratischen Freunde waren bereits über die Probleme in Österreich informiert. Fast wie am Fließband wurden in Brünn falsche Pässe fabriziert.

Muriel Gardiners Aufgabe bestand nun darin, mit den Fotografien jener Personen, die dringend außer Landes gebracht werden mussten, nach Brünn zu reisen. Dort wurden die Bilder in die vorbereiteten Pässe geklebt, sorgfältig gestempelt und Muriel zum Rücktransport nach Wien wieder übergeben. Kein ganz ungefährliches Unternehmen, auf das sie sich da einließ. Die Zugfahrt nach Brünn und retour war dann auch jedes Mal mit einem recht mulmigen Gefühl verbunden. Deshalb kaufte sich die emanzipierte Muriel Gardiner damals das erste und einzige Korsett ihres Lebens, um die lebensrettenden Papiere darin zu verstecken und so sicher über die Grenze bringen zu können.

Auf einer Rückfahrt nach Wien wurde der Zug an der Grenze wie üblich angehalten. Doch diesmal begnügten sich die österreichischen Zöllner nicht mit der Kontrolle der Pässe und des Gepäcks, sondern ordneten eine komplette Durchsuchung der Passagiere an.

Männer und Frauen mussten sich in zwei getrennten Reihen aufstellen. Mit zitternden Knien stand Muriel Gardiner in der Frauenreihe. Ihr Hirn arbeitete fieberhaft. Sollte sie sich als Bürgerin der Vereinigten Staaten über diesen unverschämten Affront lautstark aufregen? Oder sollte sie es darauf ankommen lassen, dass die Leibesvisitation nur oberflächlich sein würde? Inzwischen war sie an der Spitze der Reihe angelangt. Im nächsten Augenblick bedeutete der Grenzbeamte ihr und der Frau hinter ihr weiterzugehen. Erst die Nächste wies er wieder in das Hüttchen. Sie hatte Glück gehabt. Sie durchsuchten nur jede Dritte!

In den Wochen und Monaten nach dem Anschluss reiste Muriel Gardiner auch mehrmals nach Paris und in die Schweiz, um Nachrichten für die im Exil befindliche sozialdemokratische Führung zu überbringen und von ihnen welche für die Genossen in Wien mitzunehmen. Dabei führte sie jedes Mal in ihrem Beauty-Case Schmuck von jüdischen Freunden mit, mit dem diese ihren Lebensunterhalt in der Emigration bestreiten konnten.

In Zürich traf sie auch Otto Leichter, einen führenden österreichischen Sozialdemokraten, der dort gemeinsam mit seinen beiden Söhnen verzweifelt auf seine Frau Käthe wartete. Er bat Muriel Gardiner, sie solle doch nach ihrer Rückkehr nach Wien auf Käthe einwirken, damit diese endlich ebenfalls Österreich verließe. Käthe Leichter war aber nicht mehr zu retten.

Die bekannte Frauenrechtlerin und Sozialdemokratin hatte schon seit Jahren vor den Gefahren des Nationalsozialismus vor allem für die Frauen gewarnt. Bereits 1933 waren von ihr mehrere Broschüren erschienen, die so eindringliche Titel trugen wie: »1 000 000 Kinder auf einen Hieb – Die Frau als Zuchtstute im Dritten Reich« oder »Ihr dummen Ziegen! Bilder vom Frauenparadies im Dritten Reich«.

Käthe Leichter wusste natürlich, dass sie, noch dazu als Jüdin, immens gefährdet war, doch wegen ihrer kranken Mutter war sie in Wien geblieben. Erst im Mai entschloss sie sich endlich, mit einem tschechischen Pass auszureisen. Aber als sie ein letztes Mal bei ihrer Mutter anrief, meldete sich die Stimme eines Mannes. Er war von der Gestapo und drohte ihrer Mutter etwas anzutun, falls sie das Land verließe. Käthe Leichter blieb und wurde verhaftet. Kurz darauf beging ihre Mutter Selbstmord, indem sie sich aus dem Fenster stürzte. Sie selbst kam ins Konzentrationslager Ravensbrück und wurde 1942 zusammen mit 1500 jüdischen Häftlingen während eines Transportes vergast.

Bei all den nicht gerade ungefährlichen Aktivitäten zur Rettung von Menschen fand Muriel Gardiner erstaunlicher Weise auch noch Zeit, ihr Medizinstudium zu beenden. Am 18. Juni 1938 fand an der Universität Wien ihre Promotion statt. Sie hatte damals ein Formular ausfüllen müssen, auf dem auch das Religionsbekenntnis der Eltern einzutragen gewesen war. Aus einem Gefühl der Solidarität mit den Verfolgten hatte sie bei Religion des Vaters »jüdisch« hingeschrieben. Das grenzte schon fast an Übermut, weil man bei ihr als Amerikanerin ohnedies keine Nachforschungen angestellt hätte, ihr als »Mischling ersten Grades« dafür aber die Zulassung zur Promotion hätte verwehren können.

Mittlerweile war auch für eine mutige Frau wie Muriel Gardiner der Boden in Wien zu heiß geworden, sodass sie unmittelbar nach ihrem Studienabschluss ihre Wohnung auflöste. In jenen Zeiten der totalen Kontrolle war das gar keine so einfache Sache mehr. Nur unter Aufsicht von zwei Nazi-Beamten durfte sie ihre Möbel und ihre persönlichen Gegenstände zusammenpacken und ins Ausland versenden. Dann bestieg auch sie den Zug nach Paris.

Es war höchste Zeit gewesen. Denn fünf Tage nach ihrer Abreise erreichte sie in Paris der Brief ihres Wiener Anwaltes, Dr. Kaltenegger mit der Warnung, unter gar keinen Umständen nach Wien zurückzukehren. Die Gestapo habe bereits nach ihr gesucht, weil sie in ihr eine ausländische Agentin vermutete.

Zwölf Jahre hatte Muriel Gardiner in Wien verbracht. Sie war 1926 in eine Stadt gekommen, die für ihre Kultur und ihre Wissenschafter berühmt gewesen war. Als sie 1938 ging, war von alledem keine Rede mehr. Ein großer Teil der geistigen Elite des Landes war bereits emigriert und statt Kultur regierte nun die gleichgeschaltete Einheitskunst des braunen Spießertums.

Muriel Gardiner war froh, in Paris nun endlich ihre Tochter und ihren Lebensgefährten in die Arme schließen zu können. Aber sie hörte noch lange nicht auf, für die Sache der Sozialdemokratie weiter zu arbeiten. Da dringende Botschaften an die Freunde in Österreich zu überbringen waren, ignorierte sie die Warnungen, die sie erreicht hatten, und unternahm im November 1938 eine letzte Reise nach Kärnten, Oberösterreich und Salzburg. Sie hatte ihren britischen Pass dabei, in dem sie noch als »Studentin« vermerkt war. Zur Tarnung nahm sie einen österreichischen Reiseführer und einen Packen Bücher über Geschichte, Kunst und Architektur mit. Die Angst vor der Gestapo saß ihr dabei aber trotzdem die ganze Zeit in den Knochen.

Eines Morgens um sechs Uhr früh klopfte in Linz jemand an ihrer Hotelzimmertür, sie dachte: »Jetzt ist alles aus!« Ein Beamter kam herein und wollte ihre Papiere sehen und stellte ein paar Fragen über den Grund ihres Aufenthaltes, auf die sie natürlich die passenden Antworten vorbereitet hatte. Doch nach kurzer Zeit war der Spuk vorüber, der Beamte zog wieder ab.

Erleichtert kehrte Muriel nach Paris zurück, wo sie und Joe Buttinger nach einem mühsamen Hürdenlauf durch die französische Bürokratie am 1. August 1939 endlich heiraten konnten. Nachdem Joe dann auch sein Einreisevisum für die USA erhalten hatte, wollten sie am 6. September mit dem Schiff Europa verlassen. Doch Hitlers Überfall auf Polen am 1. September 1939 vereitelte ihre Pläne. Als Österreicher galt Joseph Buttinger plötzlich als Angehöriger eines feindlichen Landes. Gemeinsam mit den anderen in Frankreich befindlichen österreichischen Sozialdemokraten wurde er verhaftet und erst am 20. Oktober 1939 wieder freigelassen. So dauerte es noch bis zum November 1939, bis Muriel und Joseph Buttinger endlich in die USA reisen konnten, wo sie von Connie bereits sehnsüchtig erwartet wurden.

Gleich nach dem Krieg arbeiteten beide für verschiedene Hilfs- und Flüchtlingskomitees. Danach widmete sich Muriel vor allem der psychiatrischen Beratertätigkeit in Haftanstalten und Schulen und schrieb Bücher zu psychologischen Themen.

Im Jahre 1980 verlieh ihr die Republik Österreich durch ihren Botschafter in den USA das Ehrenkreuz für Wissenschaft und Forschung in Anerkennung ihres Engagements für die Freiheit und für die Rettung von Menschenleben.

Kurz zuvor war in den Kinos der Film »Julia« mit Vanessa Redgrave und Jane Fonda in den Hauptrollen angelaufen, dessen Drehbuch auf Lilian Hellmanns Roman »Pentimiento« basierte. Es war die Geschichte einer amerikanischen Journalistin, die sich im Wien der Vorkriegszeit für die Rettung Verfolgter einsetzte. Bei Muriel Buttinger lief damals das Telefon heiß. Viele Freunde, vor allem jene aus Wien, erkannten sie in der Titelfigur wieder. Diese Reaktionen veranlassten sie schließlich eine autobiografische Darstellung über ihre Wiener Jahre zu schreiben, die 1983 unter dem Titel »Codename Mary« erschien und zu der Anna Freud das Vorwort verfasst hatte.

Muriel Buttinger war der Tochter von Sigmund Freund stets eng verbunden, sowohl beruflich als auch privat, und sie ließ es sich selbstverständlich nicht nehmen, deren Projekt zur Errichtung eines Freud-Museums in London finanziell zu unterstützen. Leider war es ihr nicht mehr vergönnt, die Eröffnung dieses Museums zu erleben. Sie starb ein Jahr zuvor, am 6. Februar 1985 in New York.

»Ich wollte den Krieg verhindern«

JOHANN GEORG ELSER

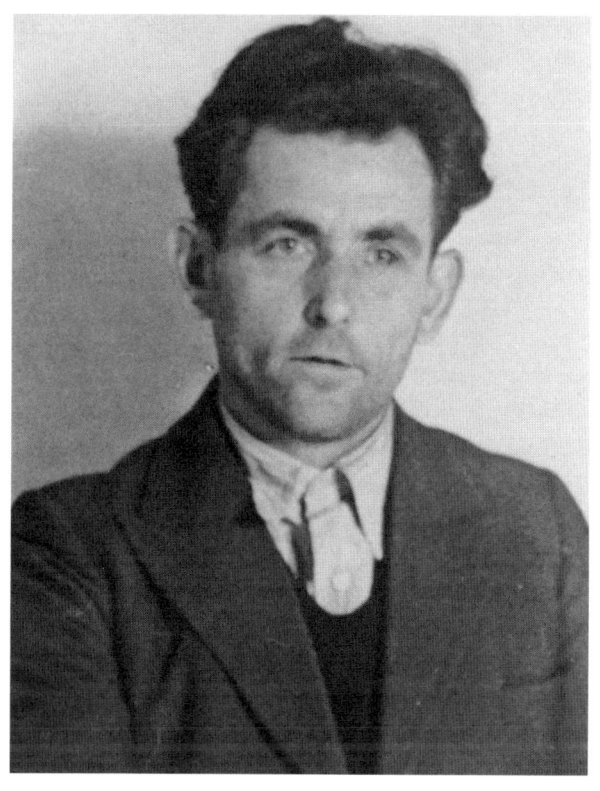

1903–1945

In den Abendstunden des 8. November 1923 umstellten SA-Verbände und Einheiten des »Stoßtrupps Adolf Hitler« den Münchener Bürgerbräukeller, in dem gerade der bayerische Regierungspräsident Gustav von Kahr eine Rede hielt. Minuten später stürmte Adolf Hitler an der Spitze einer Hand voll Getreuer mit gezückter Pistole in den Saal, bahnte sich den Weg zum Rednerpult, stieß den verblüfften Regierungschef zur Seite und erklärte ihn und sein Kabinett für abgesetzt. »Soeben ist die nationale Revolution ausgebrochen!«, schrie er mit vor Aufregung überschnappender Stimme. »Der Saal ist von sechshundert Schwerbewaffneten besetzt. Niemand darf den Saal verlassen! ... Die Kasernen der Reichswehr und der Landespolizei sind besetzt, Reichswehr und Landespolizei rücken bereits unter Hakenkreuzfahnen heran.« Das war natürlich eine maßlose Übertreibung und Hitler triumphierte zu früh.

Schon am nächsten Morgen, als er seine Anhänger zu einem Demonstrationszug formieren ließ und mit ihnen zur so genannten »Feldherrenhalle« im Stadtzentrum marschierte, stellte sich ihnen ein Großaufgebot an regierungstreuen Polizei- und Reichswehreinheiten in den Weg. Die Bilanz der Auseinandersetzung: 16 Tote auf Seiten der Nationalsozialisten. Adolf Hitler selbst konnte zwar fliehen, wurde jedoch kurz darauf im Haus eines Gönners festgenommen. Sein so sorgsam vorbereiteter Putschversuch war kläglich gescheitert.

Die meisten Deutschen maßen dem Vorfall damals wohl keine große Beachtung bei, hielten ihn für eine Episode von lokaler, bayerischer Bedeutung. 1923 ahnte noch niemand, dass der 9. November zehn Jahre später ein nationaler Feiertag sein würde, an welchem man die einstige Niederlage der Putschisten mit allem zur Verfügung stehenden Pomp zum »patriotischen Akt« hochstilisieren würde.

Auch in der kleinen württembergischen Ortschaft Königsbronn, etwa 300 Kilometer von München entfernt, war der fehlgeschlagene Staatsstreich bald vergessen. Die Leute hatten andere Sorgen, als sich um die politischen Querelen zu kümmern, die seit dem Ende des Ersten Weltkrieges und dem Zerfall des Kaiserreiches die junge Weimarer Republik erschütterten.

Der junge Schreinergeselle Georg Elser bildete da keine Ausnahme, war er doch gerade dabei, sein Leben zu verändern. Der 20-Jährige stand vor dem Aufbruch in die Wanderschaft, was auch einem Ausbruch aus der tristen Welt seines Elternhauses gleichkam.

Georg Elser war am 4. Januar 1903 in Hermaringen, einem kleinen Dorf in Württemberg, zur Welt gekommen, ein Jahr bevor sich seine Eltern verheirateten und nach Königsbronn übersiedelten. Dort betrieb der Vater, Ludwig Elser, einen Holzhandel, während Mutter Maria sich um die kleine Landwirtschaft kümmerte.

Als ältestes von sechs Geschwistern musste Georg Elser früh mit anpacken, denn die Verhältnisse, in denen die Familie lebte, waren äußerst bescheiden. Und sie wurden umso schwieriger, je mehr der Vater im Laufe der folgenden Jahre der Trunksucht verfiel. Mutter wie Kinder fürchteten den Vater, der bei jeder Gelegenheit zuschlug. Kein Wunder, dass Georg Elser die erste Möglichkeit ergriff um von daheim fortzukommen. Sobald er die siebenjährige Volksschule beendet hatte, begann er daher gegen den Willen des Vaters eine Lehre zunächst als Eisendreher und dann als Schreiner.

In der Schreinerei hatte er das Metier gefunden, das seiner Begabung am besten entsprach. Die Arbeit mit dem Hobel lag ihm und machte ihm große Freude. Schon in der Schule war sein außerordentliches zeichnerisches und handwerkliches Geschick aufgefallen und immer wieder gelobt worden. Auch sein Meister war mit ihm mehr als zufrieden, denn Georg Elser erwies sich als überaus penibler, kunstfertiger Arbeiter.

Von seinem Lehrgeld sah der junge Mann allerdings nichts. Er musste alles daheim abliefern, sodass ihm nicht einmal ein Taschengeld blieb, mit dem er sich sonntags im Gasthaus eine Limonade hätte kaufen können, so wie die anderen Jugendlichen aus dem Dorf. Georg Elser blieb also nichts anderes übrig, als daheim zu bleiben und seine Freizeit mit Bastelarbeiten und dem Herstellen kleiner Möbelstücke zu verbringen. Er arbeitete gern allein, das entsprach seinem ein wenig verschlossenen und zurückhaltenden Wesen. Mit seinen Geschwistern, zu denen er offenbar keine besonders innige Beziehung hatte, redete er wenig. Nur seinem besten Freund, Eugen Rau, vertraute er gelegentlich an, was ihn bewegte.

Im Frühjahr 1922 schloss Georg Elser seine Schreinerlehre als Bester seines Jahrgangs ab und arbeitete danach in verschiedenen Holz verarbeitenden Betrieben. Überall erntete er Lob für seine tadellose Arbeit und alle Dienstgeber waren enttäuscht, wenn er seine Stelle kündigte. Schon damals zeigte sich Georg Elsers ausgeprägter Gerechtigkeitssinn. Er kannte den Wert seiner Arbeit genau und er wollte dafür auch gerecht entlohnt werden. War daher die Bezahlung in einem Betrieb schlecht oder entsprach die Tätigkeit nicht seinen hohen, beinahe künstlerischen Ansprüchen, sah er sich rasch nach einem neuen Arbeitsplatz um.

Im Januar 1925 kündigte er seine damalige Stelle in einer Schreinerei in Heidenheim, in der man ihn sehr geschätzt hatte, um auf Wanderschaft zu gehen. Er wollte von zu Hause weg, vor allem weil der trunksüchtige Vater die Familie zunehmend terrorisierte.

Der Weg führte ihn an den Bodensee, zunächst nach Konstanz und später nach Meersburg, wo er jeweils in einer Uhrenfabrik Arbeit fand. Ein Arbeitskollege, mit dem er sich angefreundet hatte, führte ihn in den Konstanzer Trachtenverein ein, wo sie bald gemeinsam im Tanzorchester spielten. Georg Elser, der sehr musikalisch war, hatte sich eine Zither gekauft und sich das Spielen selbst beigebracht.

Er war jetzt Mitte zwanzig, klein gewachsen und schmächtig, aber dennoch gut aussehend mit seinem dunklen zurückgekämmten Haar und den dunklen, sanften Augen. Die Mädchen mochten ihn, obwohl er schüchtern und nicht sonderlich gesprächig war. Doch er hob sich von den anderen Männern angenehm ab, weil er nicht trank und zuvorkommend und höflich war.

Im Jahre 1929 hatte Georg Elser eine feste Freundin namens Mathilde Niedermann, die schon bald von ihm schwanger wurde. Keiner von beiden wollte das Kind, doch für eine Abtreibung war es bereits zu spät. So kam 1930 Sohn Manfred zur Welt. Kurz darauf ging die Beziehung zu Mathilde in die Brüche. Georg Elser war nicht zum Familienvater geboren, zu viel bedeutete ihm seine Unabhängigkeit, und nur sehr widerwillig kam er den Alimentationszahlungen für seinen Sohn nach. Immer wieder entzog er sich dieser Verpflichtung, indem er in die Selbstständigkeit auswich, damit man ihm das Geld nicht gleich vom Lohn abziehen konnte.

Im Frühjahr 1932 beendete Georg Elser seine Wanderschaft und kehrte nach Königsbronn zurück um seiner Mutter beizustehen, die die Familie nun allein über Wasser hielt. Der Vater hatte sich endgültig versoffen, das Haus war hoch verschuldet und musste verkauft werden. Die Elsers standen am Rande des finanziellen Ruins, entsprechend gespannt war die Atmosphäre innerhalb der Familie.

Indes strebte die unerfreuliche Entwicklung, die Deutschlands Politik in den vergangenen Jahren genommen hatte, ihrem schicksalhaften Höhepunkt zu. In der Nacht vom 29. auf den 30. Januar 1933 fiel die folgenschwere Entscheidung. Reichspräsident Paul von Hindenburg hatte lange gezögert dem Vorsitzenden der stimmenstärksten Partei die Macht zu übertragen. Noch vor zwei Tagen hatte er erklärt, »er werde diesen Herrn Hitler nicht zum Reichskanzler berufen«. Der Mann war ihm persönlich nicht nur zutiefst unsympathisch, er hielt ihn auch für einen rabiaten Antidemokraten. Doch der 86-jährige Hindenburg fühlte sich zu alt und zu müde um dem Druck, der vor allem aus der mächtigen deutschen Industrie kam, standzuhalten. So fügte er sich schließlich dem scheinbar Unausweichlichen. Kurz nach elf Uhr Vormittag vereidigte er den Führer der Nationalsozialistischen Arbeiterpartei, Adolf Hitler, auf die Weimarer Verfassung.

In einer kurzen Ansprache wies er den neuen Reichskanzler noch einmal eindringlich auf seine Verfassungspflichten hin. Vergebens. Die Worte des alten Mannes sollten ungehört verhallen. Eine leere Formel auch der feierliche Schwur, den Hitler in jenen Augenblicken ablegte: »Ich werde meine Kraft für das Wohl des deutschen Volkes einsetzen, die Verfassung und die Gesetze des Reiches wahren, die mir obliegenden Pflichten gewissenhaft erfüllen und meine Geschäfte unparteiisch und gerecht gegen jedermann führen.«

Fast zehn Jahre nach seinem missglückten Putschversuch vom 8. November 1923 hatte es Hitler geschafft. In allen großen Städten Deutschlands feierten seine Anhänger das Ereignis mit Fackelzügen und Aufmärschen.

Zwei Tage nach seiner Angelobung hielt Adolf Hitler über Rundfunk seine erste Rede als Reichskanzler. In seinem mittlerweile nur allzu bekannten typischen Stakkato sprach er von der »nationalen Erhebung«, die sich durch seine Amtsübernahme manifestiert habe, und er kündigte den »Wiederaufbau« und den »Aufstieg des deutschen Volkes« an. Die Masse spendete ihm begeistert Beifall. Aber diese Masse stand damals noch nicht für die Mehrheit der Deutschen. 37,8 Prozent hatten bei den Wahlen vom 31. Juli 1932 der NSDAP ihre Stimme gegeben. Bei den Wahlen im November 1932 waren sie sogar auf 33,5 Prozent zurückgefallen. Es gab also noch genügend Skeptiker in der Bevölkerung.

Die Freudenkundgebungen in den großen Städten täuschten. Auf dem Lande etwa ging es weitaus ruhiger zu. Dort war das Interesse an der neuen Führung gering. Man hatte traditionell nur wenig Vertrauen in die Politik und war es gewohnt, die Dinge hinzunehmen, wie sie eben kamen. Weil man ja ohnedies nichts ändern konnte.

Auch in Königsbronn hörte man Hitlers Ansprache im Radio, nahm sie zur Kenntnis und ging zum Alltag über. Keine Rede von »nationalem Aufbruch«, Euphorie oder großen Hoffnungen. Die Zeiten waren schlecht, man machte sich keine Illusionen auf Besserung und kaum jemand hatte daher große Lust, zu feiern.

Georg Elser allerdings, der im Gasthof des Ortes Hitlers Antrittsrede mitverfolgt hatte, empfand tiefes Unbehagen angesichts der neuen Regierung. Seit seiner Konstanzer Zeit zeigte er ein waches Interesse am politischen Geschehen in seiner Heimat. Er hatte damals einige Leute kennen gelernt, die bei den kommunistischen »Rotfrontkämpfern« waren, und sich ihnen angeschlossen, ohne jedoch in irgendeiner Weise aktiv zu werden. Außer dass er bei den Wahlen der KPD seine Stimme gab, weil er der Meinung war, dass diese Partei als einzige für die damals schwer Not leidende Arbeiterschaft eintrat. Wenngleich er selbst mit seinem Hang zur Selbstbestimmung und zur freiberuflichen Tätigkeit nicht gerade dem Bild des klassischen Arbeiters entsprach.

Georg Elser war ein einfacher Mensch ohne hohe Bildung, aber keineswegs ohne Intelligenz. Wenn er auch nicht viel redete, weil es ihm an der nötigen Eloquenz fehlte, so machte er sich doch seine Gedanken über die Politik und vor allem über die soziale Lage.

Den Nationalsozialisten traute er am allerwenigsten eine Wende zum Besseren zu. Sie waren ihm seit jeher suspekt. Er hielt sie für Großmäuler und ihren Anführer nannte er einen »Zigeuner«.

Intuitiv fühlte sich Georg Elser vom martialischen Gehabe der Nationalsozialisten abgestoßen, intuitiv durchschaute er ihre hohlen Floskeln, ihre Parolen und Versprechungen. Er glaubte ihnen kein Wort, wenn sie bessere Verhältnisse für die Arbeiterschaft ankündigten. Im Gegensatz zu den meisten seiner Landsleute ließ er sich nicht von der nationalsozialistischen Propaganda einnebeln, sondern behielt einen klaren Blick für die Realität. Ihm entging nicht der Zwang und die Vereinnahmung, die sich hinter den Maßnahmen des neuen Regimes verbargen und die so gänzlich seinem Wesen widersprachen, das stets nach Selbstbestimmung und Unabhängigkeit verlangte. In der neuen deutschen Gesellschaft, die auf Masse setzte, war für Leute wie ihn kein Platz.

Georg Elser täuschte sich nicht in seiner Einschätzung der Nazis. Kaum im Amt brachte Hitler den Reichspräsidenten dazu, in einer Notverordnung »Zum Schutze des deutschen Volkes« am 4. Februar 1933 die Presse- und Versammlungsfreiheit erheblich einschränken zu lassen. Kurz darauf wurde die sozialdemokratische Zeitung »Vorwärts« verboten, und spätestens nach dem Reichstagsbrand vom 27. Februar 1933, den man den Kommunisten in die Schuhe zu schieben versuchte, war klar, dass Hitler es auf die »Roten« abgesehen hatte.

Trotzdem brachten die Neuwahlen vom 5. März – es sollten die letzten freien Wahlen in Deutschland sein – der NSDAP nur enttäuschende 43,8 Prozent der Stimmen, sodass sie nur mit Hilfe der Deutschnationalen über die absolute Mehrheit im Parlament verfügte. Hitler machte dennoch einen Sieg daraus. Hakenkreuzfahnen wurden auf öffentlichen Gebäuden gehisst, vom »Willen der Majorität« war die Rede. Und wie auf ein Zeichen trat die SA in Aktion, verhaftete missliebige Redakteure und SPD-Abgeordnete, ermordete in Chemnitz fünf Kommunisten, initiierte den Boykott jüdischer Geschäfte und was sonst noch zu ihrem Gewalt- und Repressions-Repertoire gehörte.

Am 24. März 1933 rang Hitler dem greisen Hindenburg schließlich das Ermächtigungsgesetz ab, das den Weg frei machte für die Diktatur des Führerstaates. Die Vereinigung des Amtes des Reichskanzlers mit dem des Reichspräsidenten nach dem Tode Hindenburgs am 2. August 1934 war dabei nur noch eine Formsache. Die Demokratie in Deutschland war zu diesem Zeitpunkt schon längst zu Ende.

Während sich ein Großteil der Deutschen von der nationalen Begeisterung, die die Hitler-Partei zu verbreiten bemüht war, anstecken ließ, blieb der Schreinergeselle Georg Elser in dem kleinen Dorf Königsbronn unbeeindruckt. Vielmehr wurde er von nun an zum schweigenden, kritischen Beobachter, der die neue deutsche Führung statt an ihren großen Worten an ihren Taten maß.

Unterdessen ging sein trostloses Leben daheim weiter wie bisher. Nur die Stunden im örtlichen Gesangs- und Trachtenverein boten ihm ein wenig Abwechslung vom trüben und beschwerlichen Alltag.

Nachdem die Eltern das Anwesen verkauft hatten und in eine Haushälfte, ebenfalls in Königsbronn, umgezogen waren, mietete sich Georg bei einer Bekannten namens Elsa Härlen ein, einer unglücklich verheirateten Frau, mit der er ein Liebesverhältnis begann. Seinen Lebensunterhalt verdiente er nun wieder als Schreinergeselle, doch war es mittlerweile schwer geworden, eine gut bezahlte Arbeit zu finden. Er musste sich für die Hälfte seines früheren Lohnes verdingen. Sein Stolz und sein Gerechtigkeitssinn verboten es ihm jedoch, weiter für so wenig Geld zu arbeiten. Er kündigte daher im Herbst 1936 und machte sich wieder einmal auf die Suche nach einer neuen Beschäftigung. Inzwischen hielt er sich mit privaten Schreinerarbeiten über Wasser. Erst nach drei Monaten fand er eine Stelle als Hilfsarbeiter in einer Heidenheimer Armaturenfabrik. Die Zeiten waren schlecht, man konnte sich die Arbeit nicht mehr aussuchen, sondern musste nehmen, was sich bot.

Und das, obwohl doch die neue Regierung bessere Verhältnisse für die Arbeiterschaft versprochen hatte! Davon aber konnte keine Rede sein. Im Gegenteil, die Dinge hatten sich in vielerlei Hinsicht sogar verschlechtert. Die Löhne waren jetzt niedriger als früher, die Abzüge dafür höher. Hatte er 1929 als Schreinergeselle noch einen Stundenlohn von 1,05 RM gehabt, so waren es jetzt nur noch 0,68 für dieselbe Arbeit.

Mit Missbilligung erkannte Georg Elser auch den Zwang,

den das neue Regime unübersehbar auf die Menschen ausübte: »Der Arbeiter kann z. B. seinen Arbeitsplatz nicht mehr wechseln, wie er will, er ist heute durch die HJ nicht mehr Herr seiner Kinder und auch in religiöser Hinsicht kann er sich nicht mehr frei betätigen«, wird er später vor der Gestapo erklären.

Messerscharf sezierte hier ein einfacher Mann, ohne Bildung, ohne politischen Hintergrund die verlogene Propaganda der Nationalsozialisten, einfach aus seiner persönlichen Erfahrung heraus, aus dem, was er Tag für Tag beobachten konnte.

Die Partei, der Staat waren omnipräsent. Statt Dorf- und Kirchweihfesten gab es jetzt NS-Hochfeiern. Alle beruflichen, sportlichen und gesellschaftlichen Vereine wurden durch NS-Organisationen ersetzt. Deutschland und seine Bevölkerung wurden von der neuen Regierung gelenkt und gleichgeschaltet. Individuelle Lebensgestaltung war nur noch in sehr eingeschränktem Maße möglich. Georg Elser, dem Individualisten, musste eine derartige Entwicklung einfach gegen den Strich gehen. Nichts hasste er mehr, als wenn man ihn vereinnahmen, ihm seine persönliche Freiheit nehmen wollte.

Angeekelt verließ er jedes Mal den Raum, wenn aus dem Volksempfänger die Stimme des Führers plärrte, und ebenso beharrlich verweigerte er den Hitlergruß. Er konnte und wollte die nationale Begeisterung, die das Land erfasst hatte, nicht teilen. Ebenso wenig wollte er die neuen Verhältnisse einfach hinnehmen, so wie viele seiner Arbeitskollegen, die zwar wütend über die Lohneinbußen waren, aber schwiegen und sich fügten.

Georg Elser wollte sich nicht fügen. Sein Widerwille gegen das NS-Regime wuchs mit jedem Tag.

Dann kam der September 1938 und das Münchener Abkommen, in dem die europäischen Mächte Hitler die Tschechoslowakei überließen, in der Hoffnung, ihn damit zu beruhigen.

Georg Elser aber machte sich schon damals keine Illusionen. Er war davon überzeugt, dass dies nur den Aufschub eines Krieges bedeutete. »Ich war bereits ... um diese Zeit der Überzeugung, dass es bei dem Münchener Abkommen nicht bleibt, dass Deutschland anderen Ländern gegenüber noch weitere Forderungen stellen und sich andere Länder einverleiben wird und dass deshalb ein Krieg unvermeidlich ist«, wird er später zu Protokoll geben.

Spätestens zu diesem Zeitpunkt war ihm klar, dass er etwas unternehmen musste. Er musste diesen Krieg, von dem er überzeugt war, dass er kommen würde, verhindern. Und das war seiner Einschätzung nach nur durch eine Beseitigung der deutschen Führung möglich. Aber wie sollte man so etwas bewerkstelligen? Bei einer Großveranstaltung vielleicht ...?

Mit diesen Gedanken im Kopf fuhr Georg Elser am 8. November 1938 nach München, wo wie alljährlich die traditionellen Feiern zum Gedenken an die Toten des Putschversuches vom 9. November 1923 stattfanden. Natürlich interessierten Elser die Feiern nicht, vielmehr wollte er die Möglichkeiten prüfen, wie man am besten an Hitler, Göring und die anderen herankam.

Um acht Uhr abends war der Bürgerbräukeller, der gut 3000 Menschen fasste, gerammelt voll. Die Übrigen mussten draußen warten, bis die Veranstaltung zu Ende war. Auch Georg Elser wartete in der Menge. Als die Absperrungen endlich aufgehoben wurden, bahnte er sich den Weg in den großen Saal des Bürgerbräukellers, der nun schon fast leer war und in dem das Personal die Tische abräumte. Der Raum war ziemlich lang, in der Mitte ein schmaler Gang, an den Seiten überall Tische und Stühle, oben eine Galerie, auf der man ebenfalls Platz nehmen konnte. Auf einer Seite des Saales stand ein Rednerpult genau vor einer der Säulen, die die Galerie stützten. Georg Elser wusste sofort, dass dies der geeignete Ort für sein Unternehmen war. Noch einmal ließ er seinen Blick durch den Raum schweifen, nahm das Bild in sich auf, dann ging er. Tags darauf sah er sich den Gedenkmarsch an: eine schweigende Menge wanderte mit Hakenkreuzfahnen zur Feldherrenhalle, während aus den Lautsprechern das Horst-Wessel-Lied dröhnte.

Elser war abgestoßen von diesem Spektakel, das ihm wie eine »Prozession ins Verderben« vorkam. In Königsbronn angekommen, stand sein Entschluss fest: Er würde Hitler und möglichst viele führende Nazis beseitigen, und zwar genau in einem Jahr, im Bürgerbräukeller.

Sogleich machte er sich an die Vorbereitungen und in den folgenden zwölf Monaten widmete er sich fast ausschließlich diesem Vorhaben. Weder seiner Familie noch seinen Freunden gegenüber erwähnte er auch nur ein Wort von seinen Plänen.

Offenbar fiel es auch niemandem auf, dass er sich damals zurückzog und noch weniger redete als sonst. Aus dem einst recht geselligen jungen Mann wurde nach und nach der »Sonderling«, der schweigsame Einzelgänger, als der er in die Geschichte eingehen sollte. Selbst sein Verhältnis zu Elsa, die sich inzwischen von ihrem Gatten getrennt hatte, kühlte damals ab. Die junge Frau, die ihn wirklich liebte, wünschte sich eine gemeinsame Zukunft mit Georg, und ihre Eltern, die einen sehr guten Eindruck von ihm hatten, boten ihm sogar an, ihm ein Innenarchitekturstudium zu finanzieren. Georg Elser aber lehnte das großzügige Angebot ab. Er wollte von niemandem abhängig sein, er brauchte seine Freiheit, denn er hatte eine große Aufgabe zu erfüllen.

Wenn Elsers Vorhaben, wie sich herausstellen sollte, auch keine allzu große Vorsicht erforderte, so bedurfte es doch einer genauen Planung. Jeder Schritt musste ab jetzt wohl durchdacht sein.

Zunächst brauchte er Sprengstoff. Der Zufall wollte es, dass in der Armaturenfabrik Waldenmaier, in der er arbeitete, eine »Sonderabteilung« bestand, in der Pulverkörner gepresst und Geschosszünder hergestellt wurden. Als Beschäftigter der Versandabteilung hatte er Zugriff zu sämtlichen Materialeingängen wie Zünder und Sprengstoff, sodass es ihm dank der nachlässigen Kontrollen im Betrieb gelang, ohne größere Schwierigkeiten im Verlauf mehrerer Monate insgesamt 250 Stück Presspulver abzuzweigen, die er dann bei sich zu Hause im Kleiderschrank unter einem Packen Wäsche versteckte. Nachdem er auch noch in Erfahrung gebracht hatte, wie man die Zünder zusammenbaute, kündigte er im März 1939 seine Stelle bei Waldenmaier.

Daheim, in seinem Zimmer bei den Eltern, bei denen er mittlerweile wieder eingezogen war, zeichnete er nach Feierabend wie besessen Pläne und Skizzen seines künftigen Sprengkörpers. Wie schon bei seinen Schreinerarbeiten ging er auch dabei mit äußerster Akribie vor. Anfang April war seine Arbeit so weit gediehen, dass er die genauen Maße der Säule benötigte, in der er seinen Sprengapparat unterbringen wollte. Also fuhr er am 4. April 1939 erneut nach München.

Der Saal des Bürgerbräukellers, das hatte er bereits bei seinem ersten Besuch festgestellt, war weder bewacht noch versperrt. Über den Garderobenraum konnte man ungesehen und ohne Schwierigkeiten auf die Galerie gelangen. Mit einem mitgebrachten zusammenklappbaren Meterstab nahm er die benötigten Maße ab und trug sie in einer kleinen Handskizze in seinem Notizbuch ein.

Nach seiner Rückkehr aus München musste sich Georg Elser nach einer neuen Bleibe umsehen. Er hatte sich mit seinem Bruder Leonhard zerstritten und war aus der elterlichen Wohnung ausgezogen. Bei der Familie Schmauder im nahe gelegenen Schnaitheim fand er ein Untermietzimmer sowie die Möglichkeit, sich im Keller des Hauses eine Werkstatt einzurichten, wo er ab nun jede freie Minute verbrachte. Er arbeite an einer »Erfindung«, erzählte er seinen Vermietern.

Sobald er bei den Schmauders eingezogen war, bewarb er sich im Königsbronner Steinbruch um eine Anstellung. Dass der gelernte Schreiner ausgerechnet dort Arbeit suchte, hatte natürlich seinen guten Grund. Wie überhaupt fast alles, was Georg Elser in diesen Wochen und Monaten tat, in irgendeiner Weise in Zusammenhang mit seinem großen Plan stand. Im Steinbruch wurde nämlich mit Sprengstoff gearbeitet.

Zu seiner großen Erleichterung erhielt er noch im April die Stelle eines Hilfsarbeiters. Auch hier gingen die Dinge einfacher vonstatten, als es sich Elser wahrscheinlich gedacht hatte. Er hatte bald herausgefunden, dass der Verschlag, in dem der Sprengstoff deponiert war, nur durch ein gewöhnliches Vorhängeschloss gesichert war, was ihm sein Vorhaben wesentlich erleichterte. In der Nacht schlich er zu dem Lagerhäuschen und öffnete das Schloss einfach mit einem alten Schlüssel, den er sich entsprechend zugefeilt hatte. Im Schein seiner Taschenlampe hoben sich verschiedene Holzkisten ab, die unverschlossen und teilweise bis zur Hälfte mit Sprengstoffpatronen gefüllt waren. Bei jedem seiner Einbrüche nahm er ein Paket mit je 20 Sprengstoffpatronen an sich, ohne dass dies am nächsten Tag irgendjemandem aufgefallen wäre. Insgesamt »besorgte« er sich auf diese Weise mehr als 60 Sprengstoffpatronen und eine Dose mit 125 Stück Sprengkapseln.

Drei Wochen war Georg Elser im Steinbruch tätig, bis er sich am 16. Mai 1939 bei einem Arbeitsunfall den Mittelfußknochen brach. Mit seinem Gipsverband musste er daheim bleiben, was ihm allerdings ganz gut zupass kam. Er nützte die Zeit seines Krankenstandes, um weiter an seiner »Höllenmaschine« zu arbeiten. Stunden-, tagelang saß er über seinen Skizzen, überlegte und berechnete Konstruktion und Sprengwirkung des Apparates und suchte nach einer Möglichkeit, Sprengkapseln auch ohne Zündschnur zur Entzündung zu bringen. Die dazu notwendigen technischen Kenntnisse hatte er sich allesamt selbst beigebracht. Anfang August hatte er endlich alles so weit beisammen, dass er an die praktische Umsetzung seines Planes gehen konnte.

Nachdem er seine Wohnung bei den Schmauders aufgekündigt hatte, kratzte Georg Elser am 5. August 1939 all seine Ersparnisse zusammen und übersiedelte nach München. Bei sich hatte er einen großen Holzkoffer, in dem sich neben ein paar Kleidungsstücken all das befand, was er für seinen Anschlag brauchte: das gestohlene Presspulver und die Sprengpatronen, ein paar Uhrwerke, Zündkapseln und verschiedene Werkzeuge.

Unweit des Bürgerbräukellers nahm er sich ein Untermietzimmer. Seinen Vermietern erzählte er, er wolle in München einen Polierkurs machen. Und damit sie sich nicht wunderten, wenn er die Nacht über wegblieb, tischte er auch ihnen die Geschichte mit seiner Erfindung auf, für die er nachts im Freien Versuche mache. Man glaubte dem unauffälligen, sympathischen jungen Mann, ohne weitere Fragen zu stellen. Hauptsache, er zahlte seine Miete pünktlich.

Für die nächsten Wochen sah Georg Elsers Tagesablauf stets gleich aus. Den Großteil des Tages verbrachte er in seinem Zimmer mit Skizzenzeichnungen. Gegen 19 Uhr ging er aus dem Haus, um im Bürgerbräukeller ein einfaches Abendessen einzunehmen. Um 22 Uhr bezahlte er regelmäßig und verließ den Speisesaal. Doch statt das Gebäude zu verlassen, huschte er durch den Garderobenraum auf die Galerie des großen Saales. Dort versteckte er sich in einem Abstellraum, bis das Lokal abgesperrt wurde.

Bei seinem letzten Besuch in München, als er die Maße der Säule genommen hatte, hatte er sich um eine Anstellung als Hausdiener im Bürgerbräukeller beworben, was es ihm erlaubt hätte, sich frei im Haus zu bewegen, ohne Verdacht zu erregen. Doch er war abgewiesen worden. Also musste er sich eben heimlich Zutritt zum Saal verschaffen, wo nun der schwierigste Teil seiner Vorbereitungsarbeit auf ihn wartete.

Es war stockdunkel in dem riesigen Raum und es roch stark nach Bier und Zigaretten. Sobald kein Ton mehr zu hören war, kroch Georg Elser aus seinem Versteck und machte sich im Schein seiner Taschenlampe, die er mit einem Tuch umwickelt hatte, an die Arbeit. Zunächst fertigte er sich eine kleine Tür in der Sockelverkleidung der Säule an, damit er von nun an immer gleich zu arbeiten beginnen konnte. Wie es seinem Wesen entsprach, hatte er alles ganz genau geplant. Er durfte sich keinen Fehler erlauben.

Danach ging er dazu über, die Säule auszuhöhlen. Das war die heikelste Arbeit, denn er brauchte dazu Bohrer und Meisel. Um möglichst wenig Lärm zu machen, hatte er die Geräte ebenfalls mit Tüchern umwickelt und er nützte darüber hinaus das Geräusch der automatischen Toilettenanlage, die sich im 10-Minuten-Takt einschaltete. In dem Zeitraum, in dem die Spülung losging, tat er die stärksten Schläge. Den anfallenden Schutt fing er dabei sorgfältig in einem Handtuch auf, um ihn am nächsten Morgen in einem Koffer zur Isar zu tragen und dort zu entsorgen.

Die Arbeit war ungemein anstrengend, auch weil er sie nur kniend ausführen konnte, sodass er meist schon nach ein paar Stunden erschöpft war. Auf einem Sessel verbrachte er dann dösend den Rest der Nacht, bis das Lokal zwischen sieben und acht Uhr morgens aufgesperrt wurde und er sich durch den Hinterausgang auf die Straße stehlen konnte. In seinem Zimmer angekommen fiel er dann jedes Mal todmüde ins Bett. Etwa dreißig Nächte verbrachte Georg Elser arbeitend im Bürgerbräusaal, bis endlich alles fertig war.

Es ist erstaunlich, wie einfach im totalitären Überwachungsstaat der Nazis die Vorbereitung eines Attentats war. Denn immerhin spazierte Georg Elser wochenlang im Bürgerbräukeller, einem der traditionellen Veranstaltungsorte der Partei, ein und aus, ohne dass irgendjemand Verdacht schöpfte. Man kannte ihn einfach als ruhigen, unauffälligen Stammgast, der immer das billigste »Arbeitermenü« bestellte und wenig trank.

Auch Elsers unfreiwillige Helfer, der Schreinermeister Brög und andere Handwerker in der Umgebung, hätten in dem freundlichen, kleinen Mann mit dem schwäbischen Dialekt nie und nimmer einen potenziellen Attentäter vermutet. Sie nahmen ihm die Geschichte mit der Erfindung ohne weiteres ab und stellten ihm gerne ihre Maschinen und Werkzeuge zur Verfügung. Denn bei aller Geschicklichkeit konnte Elser nicht alles im Selbstbau mit der notwendigen Präzision herstellen.

Die schwere körperliche Arbeit, die geistige Anspannung und die Einsamkeit über einen so langen Zeitraum hinweg stellten natürlich eine starke psychische Belastung dar. Im Gebet suchte Georg Elser damals sein Herz zu erleichtern. Obwohl er eigentlich nie besonders religiös gewesen war, ging er in diesen Münchener Tagen häufig in eine Kirche, wobei es ihm egal war, ob es sich um eine katholische oder eine evangelische handelte. Es war, als suchte er Gottes Einverständnis für sein Vorhaben. Immerhin plante er ja den Mord an mehreren Menschen, was sein Gewissen offensichtlich mehr belastete, als er sich eingestehen wollte. Nach eigener Aussage fühlte er sich nach diesen Augenblicken innerer Einkehr jedes Mal ruhiger und in seinem Tun bestätigt. Billigte nicht sogar die Kirche den Tyrannenmord? Später, vor der Gestapo, wird er zu Protokoll geben: »Wenn ich gefragt werde, ob ich die von mir begangene Tat als Sünde im Sinne der protestantischen Lehre betrachte, so möchte ich sagen: ›Im tieferen Sinne, nein!‹ Ich glaube an ein Weiterleben der Seele nach dem Tode und ich glaubte auch, dass ich einmal in den Himmel kommen würde, wenn ich noch Gelegenheit gehabt hätte, durch mein ferneres Leben zu beweisen, dass ich Gutes wollte. Ich wollte ja auch durch meine Tat ein noch größeres Blutvergießen verhindern.«

Der Ausbruch des Krieges am 1. September 1939 bestätigte Georg Elser in seinem Vorhaben. Wie besessen arbeitete er von nun an weiter. Seine Knie begannen zu schmerzen. Einmal waren sie so sehr geschwollen, dass er Anfang Oktober einige Tage im Bett verbringen musste. Mitte des Monats aber war er endlich mit der Präparierung der Säule fertig. Auch die Bombe war zusammengesetzt, ihre Einzelteile sämtlich auf ihre Wirksamkeit überprüft.

Am 1. November 1939 verabschiedete sich Georg Elser von seinen Vermietern. Die paar Sachen, die er noch benötigte, brachte er in der Werkstatt des Schreinermeisters Brög unter, bei dem er schon einige Male verschiedene Schleifarbeiten erledigt hatte.

Noch am selben Abend füllte er den Sprengstoffbehälter mit Schwarzpulver und setzte die Sprengkapsel in die Bohrung am Deckel. Dann packte er alles in seinen Koffer und ging wieder den ihm mittlerweile schon vertrauten Weg zum Bürgerbräusaal. Wieder das übliche Ritual, bis er in den Saal gelangen konnte. Dort deponierte er den Sprengstoffbehälter in der unter so viel Mühen präparierten Säule. Tags darauf kam er wieder und füllte den restlichen Sprengstoff in die Behälter. In der nächsten Nacht wollte er schließlich die Uhren anbringen, die die Zündung herbeiführen sollten. Doch aus irgendeinem Grunde war der Saal an diesem Abend versperrt. Da er nicht wusste, wo er hin sollte, verbrachte er die Nacht im Garten des Lokals zwischen Bierfässern.

Auch der nächste Versuch scheiterte. Es stellte sich heraus, dass die Uhrgehäuse zu groß waren, sodass sie nicht in den Hohlraum der Säule passten. Georg Elser blieb nichts anderes übrig, als sie am nächsten Tag in Brögs Werkstatt zurechtzuschleifen.

Am 5. November 1939 ging er wieder in den Bürgerbräukeller. An diesem Abend fand im großen Saal eine Tanzveranstaltung statt. Also kaufte sich Georg Elser eine Eintrittskarte und beobachtete von der Galerie aus das Geschehen. Um Mitternacht war die Veranstaltung zu Ende. In seinem Versteck wartete er, bis alles ruhig war, dann konnte er zum letzten Mal ans Werk gehen. Er baute die Uhren ein, setzte sie in Gang und stellte die Zeit auf den 8. November 21 Uhr 20 ein. Um sechs Uhr früh war er mit allem fertig. Er hatte alles getan, was zu tun war. Der Rest, das heißt der Ausgang des so lange und mit so viel Aufwand geplanten Unternehmens, lag nun nicht mehr in seiner Hand.

Er ahnte nicht, dass er sich beinahe umsonst abgemüht hatte. Denn im fernen Berlin hatte Hitler soeben beschlossen, wegen des geplanten Angriffs auf Frankreich erstmals nicht am Vorabend des Gedenktages für die Opfer des 9. November 1923 zu sprechen. An seiner statt sollte sein Stellvertreter Rudolf Heß das Wort ergreifen. Da er weder Zeitungen las noch Radio hörte, wusste Georg Elser von all dem nichts.

Am Morgen des 6. November holte er daher seine Sachen aus Brögs Werkstatt und bestieg den Zug nach Stuttgart, wo seine Schwester Maria wohnte, der er sein Kommen bereits angekündigt hatte. Er übergab ihr die paar Kleidungsstücke, die er besaß, und den Koffer mit seinem Werkzeug. Er könne das alles nicht mehr brauchen, denn er wolle ins Ausland gehen, erzählte er ihr. Keiner fragte ihn nach seinen Gründen. Das war auch gut so. Bereits am nächsten Tag nahm Georg Elser von seiner Schwester Abschied. Er hatte sich entschlossen, doch noch einmal nach München zu fahren, um alles nochmals zu überprüfen. Er begann nervös zu werden.

Ein letztes Mal ließ er sich also im Bürgerbräusaal einschließen, bloß um erleichtert festzustellen, dass die Uhren exakt funktionierten. Jetzt musste er den Dingen ihren Lauf lassen. Er war zu aufgeregt, um in dieser Nacht Schlaf zu finden, also wartete er, bis der Morgen des 8. November 1939 anbrach und die Türen des Bürgerbräusaales aufgesperrt wurden.

Um zehn Uhr vormittags ging sein Zug nach Friedrichshafen, wo er etwa acht Stunden später eintraf. Weil noch Zeit war bis zur Überfahrt nach Konstanz, ging er zum Frisör. Er wollte einen guten Eindruck machen, wenn er in der Schweiz um Asyl ansuchte. Mit dabei hatte er auch sein Notizbuch mit den Aufzeichnungen zu seinem Anschlag. Es sollte ihm als Beweis dienen für seine Täterschaft, um eine Abschiebung durch die Schweizer Behörden zu verhindern. Als er in Konstanz die Fähre verließ, war es schon dunkel. Er kannte die Stadt recht gut, hatte er dort ja eine Zeit lang gearbeitet. Von damals kannte er auch den Grenzzaun auf einer Wiese hinter dem Garten des Wessenbergheims. Zielstrebig begab er sich dorthin. Doch inzwischen hatte sich einiges verändert, zumindest was die Grenzüberwachung betraf. Dieses Faktum hatte der Perfektionist Georg Elser übersehen.

Die Grenze lag im Nebel. Georg Elser sah bereits die Schweizer Grenzbeamten, nur noch ein paar Schritte, zwanzig, fünfundzwanzig Meter vielleicht, und er war auf sicherem Boden. In diesem Augenblick aber rief jemand: »Halt, stehen bleiben!« Statt einfach loszurennen und sich in Sicherheit zu bringen, folgte Georg Elser der Aufforderung. Es scheint, als wäre er wie gelähmt gewesen, vor Schreck oder vor Erschöpfung nach der wochenlangen physischen und psychischen Belastung, dass er jetzt nicht mehr fähig war, klar zu denken und richtig zu reagieren.

Es war exakt 20.45 Uhr, als sich Georg Elser widerstandslos von zwei Grenzbeamten festnehmen ließ. Seine Ausrede, er suche das Haus des Vorsitzenden des Konstanzer Trachtenvereines, zog nicht. Man führte ihn in das Zollhäuschen, wo man seine Taschen durchsuchte. Seltsame Gegenstände kamen da zum Vorschein: eine Ansichtskarte des Bürgerbräukellers in München, ein Abzeichen des Rotfrontkämpferbundes, Teile eines Zeitzünders ...

Zur selben Zeit näherte sich Adolf Hitler, der nun doch selbst gekommen war, im Münchener Bürgerbräukeller dem Ende seiner Rede, die ganz auf den Krieg zugeschnitten war und die Menschen gegen den Hauptfeind England aufputschen sollte. »... Alles ist denkbar, eine deutsche Kapitulation niemals! Wenn man mir darauf erklärt: Dann wird der Krieg drei Jahre dauern, so antworte ich: Er kann dauern, solange er will – kapitulieren wird Deutschland niemals, jetzt nicht und in alle Zukunft nicht ... Sie werden uns weder militärisch noch wirtschaftlich auch nur im Geringsten niederzwingen können. Es kann hier nur einer siegen, das sind wir!« Frenetischer Beifall am Ende der Rede. Hitler hatte diesmal kürzer als gewohnt gesprochen. Der geplante Feldzug gegen Frankreich verlangte seine Rückkehr nach Berlin noch am selben Tag. Es war genau 21.07 Uhr, als er zu Ende gesprochen hatte und mit seinem Gefolge den Saal verließ, um sich zum Münchener Hauptbahnhof zu begeben, wo bereits der Sonderzug wartete.

Dreizehn Minuten später, exakt zur eingestellten Zeit, ging Elsers Bombe mit einem ohrenbetäubenden Knall hoch. Die Detonation war so stark, dass ein Teil der Galerie über dem Rednerpult einstürzte und mehrere Menschen unter sich begrub. Acht Personen wurden getötet und weitere sechzig verletzt. Die Nazi-Führung, der der Anschlag gegolten hatte, aber bestieg in ebendiesen Minuten gerade den Zug nach Berlin.

Georg Elser wurde in Konstanz immer noch verhört, als gegen 23 Uhr das Fernschreiben mit der Nachricht vom »Anschlag auf den Führer« eintraf. Sofort gewannen die verdächtigen Gegenstände aus seiner Hosentasche eine neue Bedeutung. Er wurde nach München ins Wittelsbacher Palais, dem Hauptquartier der Gestapo, überstellt, wo man ihn einer so genannten »verschärften Vernehmung« unterzog und ihn mit den mittlerweile gegen ihn gesammelten Indizien konfrontierte. Doch Elser schwieg beharrlich.

Vier Tage lang ertrug er die Folter. In der Nacht vom 13. auf den 14. November 1939 aber brach er zusammen und gestand seine Täterschaft.

Das aber genügte der NS-Führung nicht, denn man vermutete hinter dem kleinen Schreinergesellen den britischen Geheimdienst und natürlich das verhasste Weltjudentum. Zu perfekt war der Anschlag geplant, die Bombe mit derart erstaunlicher Präzision hergestellt, dass sie einfach nicht das Werk eines Einzelnen sein konnte. Also quälte man ihn weiter.

Er wurde nach Berlin gebracht und sein Fall zur »Geheimen Gestapo-Sache« erhoben. Man verhaftete seine Familie, die jedoch völlig ahnungslos war, sodass man sie alle wieder entlassen musste, nachdem man sie zum Schweigen verpflichtet hatte. Auch Elsers frühere Vermieterin und Freundin Elsa Härlen wurde von der Gestapo abgeholt. Sie war geschockt, als man sie ihrem früheren Geliebten gegenüberstellte: »Er saß in der Mitte des Zimmers auf einem Stuhl und ich hätte ihn in seinem Zustand bestimmt nicht als meinen früheren Verlobten erkannt. Sein Gesicht war verschwollen und blau geschlagen. Die Augen traten aus den Höhlen, und er machte auf mich einen furchtbaren Eindruck. Auch seine Füße waren geschwollen und ich glaube, dass er nur deshalb auf einem Stuhl saß, weil er kaum mehr stehen konnte.«

Wie perfide die Vernehmungsmethoden der Gestapo auch waren, Georg Elser konnte nichts anderes sagen, als dass er den Anschlag ganz allein geplant und ausgeführt hatte. In einem über zweihundert Seiten langem Protokoll schilderte er den Beamten seine Beweggründe und jede Einzelheit seiner Vorbereitungsarbeit. Irgendwann musste man einsehen, dass Georg Elser die Wahrheit sagte und es sich bei ihm tatsächlich um einen Einzeltäter handelte. Für die Öffentlichkeit aber hielt man die Legende von einer groß angelegten ausländischen Verschwörung aufrecht, um die Stimmung gegen den Feind anzuheizen. Die NS-Propaganda lief auf Hochtouren und schlachtete den Anschlag aus. Der Großteil der Bevölkerung zeigte sich tief erschüttert über das ruchlose Attentat auf das Leben ihres geliebten Führers.

Hitler ordnete an, den Prozess gegen Elser erst nach dem siegreich beendeten Krieg zu führen, wohl um daraus ein nationales Spektakel zu machen. Die Zeit bis dahin sollte er als »Sonderhäftling« im Konzentrationslager Sachsenhausen verbringen. Georg Elser wurde dort zwar relativ gut behandelt, war jedoch von jeder Kommunikation mit anderen

Häftlingen abgeschlossen. Tag und Nacht wurde er von zwei Wärtern bewacht, um einen Selbstmord zu verhindern. Aber Georg Elser hätte damals wohl gar nicht mehr die Kraft aufgebracht, sich das Leben zu nehmen. Er war bereits ein gebrochener Mann. Still wie eh und je, einsam rauchend, verbrachte er die Tage. Man hatte ihm eine kleine Werkstatt eingerichtet, in der er sich betätigen konnte. Er fertigte kleine Möbelstücke für die KZ-Aufseher und für sich selbst baute er eine Zither, auf der er häufig spielte, was ihn meist sehr traurig stimmte.

Anfang 1945, als die Niederlage Deutschlands längst besiegelt war, wurde Georg Elser mit weiteren prominenten Häftlingen, unter ihnen auch der frühere österreichische Bundeskanzler Kurt Schuschnigg, in das Konzentrationslager Dachau überstellt.

Zu diesem Zeitpunkt war er nur noch ein menschliches Wrack, abgemagert und teilnahmslos. Er rauchte viel, ungefähr 40 Zigaretten am Tag, und aß kaum noch etwas, weil sein kranker Magen fast nichts mehr vertrug. Seine Gedanken kreisten nur noch um Tod und Sterben. »Meine Tage sind gezählt, das weiß ich längst«, sagte er einmal zu seinem Bewacher, Franz Xaver Lechner, »Sie kennen sich doch bestimmt aus. Was ist eigentlich schöner, 's Vergasen, 's Aufhängen oder der Genickschuss?«

Von den Vorgängen draußen wusste er nichts. Die KZ-Leitung tat alles, damit keine Informationen über die Kriegslage zu den Häftlingen drangen. So ahnte Elser wahrscheinlich auch nicht, wie nahe seine Rettung bereits war, als er wieder einmal zu Lechner sagte: »Ich bereue nicht, was ich getan habe, es nützt mir ja auch nichts mehr. Ich glaubte ein gutes Werk zu vollbringen. Das ist mir nicht gelungen und jetzt eben muss ich die Konsequenzen ziehen, und ich fürchte diese Konsequenzen und Tag und Nacht denke ich daran, was für einen Tod ich erleiden werde.«

Inzwischen war es April geworden. Deutschland bebte unter den Bombenangriffen der Alliierten. In letzter Minute sollten noch rasch möglichst viele Spuren verwischt und Gegner beseitigt werden. Am 5. des Monats traf daher ein Schreiben der Sicherheitspolizei Berlin in Dachau ein, das die Anordnung enthielt, Elser in möglichst unauffälliger Weise zu liquidieren. Offiziell sollte es heißen, er sei bei einem der »Terrorangriffe«, wie die Bombardements der Alliierten genannt wurden, tödlich verletzt worden.

Vier Tage später, am 9. April 1945, holte man ihn ab, führte ihn entlang des elektrisch geladenen Zauns, vorbei am Lagertor und dann quer durch das Lager bis zu der kleinen Eisentür des Krematoriums. Was hinter dieser Tür dann geschah, lässt sich heute nicht mehr genau rekonstruieren, doch wahrscheinlich wurde Elser dort von SS-Oberscharführer Theodor Heinrich Bongartz, dem Verwalter des Krematoriums, durch Genickschuss ermordet und sein Leichnam Tags darauf verbrannt. Zwanzig Tage nach seinem Tod, am 29. April 1945 befreiten amerikanische Soldaten das Konzentrationslager Dachau.

Nach dem Krieg dauerte es erstaunlich lange, bis man sich des mutigen Handwerkers aus Königsbronn erinnerte, der als einer der Ersten die Gefahr des NS-Regimes erkannt hatte und ihr entgegengetreten war. Grund für die verzögerte Würdigung Elsers waren Gerüchte, die schon kurz nach dem Attentat aufgetaucht waren und denen zufolge er im Auftrag der NS-Führung gehandelt habe, um in der Bevölkerung Stimmung für den Krieg zu machen.

Elsers »Sonderbehandlung« im Konzentrationslager hatte diesem Gerücht weitere Nahrung gegeben. Und da er ein Einzeltäter gewesen war, gab es auch nach Kriegsende keine politische, religiöse oder sonstige Organisation, die sich für seine Rehabilitierung einsetzte.

Erst 1969/70 konnte diese falsche und völlig unbegründete Darstellung anhand von Fakten widerlegt werden. Als Erstes gedachte daraufhin 1971 der kleine schwäbische Ort Schnaitheim, wo Elser eine Zeit lang gewohnt hatte, mit der Anbringung einer Gedenktafel des Widerstandskämpfers.

Mit mehrjähriger Verspätung zogen dann auch Konstanz, München und Königsbronn mit Gedenkstätten nach. Aber erst durch Klaus Maria Brandauers Film »Georg Elser – Einer aus Deutschland« erfuhr ab 1989 auch eine breitere Öffentlichkeit außerhalb Deutschlands etwas über den Mann, der »mit Eigensinn, Gerechtigkeitsgefühl und Mut in einem Ozean von Feigheit« gegen den Strom geschwommen war und dem Unrecht die Stirn geboten hatte.

»Für Christus und Österreich!«

ROMAN KARL SCHOLZ

1912–1944

September 1937. Nürnberg hat sich wieder zum alljährlichen Parteitag der NSDAP gerüstet. Ein Meer von Hakenkreuzfahnen empfängt die Teilnehmer, die in Hunderten von Sonderzügen herangekarrt werden. Wie immer haben die Organisatoren nichts dem Zufall überlassen, alles ist perfekt durchinszeniert: die Aufmärsche von Musikkapellen, Hitlerjugend und SA-Verbänden, braun-uniformierte Marionetten auf Gleichschritt gedrillt, dazu die Waffenparaden der Wehrmacht als Machtdemonstration für die Welt.

Dann die geplärrten Reden mit den üblichen Hetztiraden gegen den Bolschewismus und das »Weltjudentum«, auf Kommando quittiert vom hysterischen Jubel des abgerichteten Publikums. Und schließlich der Auftritt des Führers und Reichskanzlers. »Der Vertrag von Versailles ist tot! Deutschland ist frei! Der Garant unserer Freiheit ist unsere eigene Wehrmacht! ... Die Forderung nach einem dem Reich gehörenden Kolonialbesitz ist eine in unserer wirtschaftlichen Not begründete«, donnert Adolf Hitler in die Menge. Krieg liegt in der Luft. Die versammelten, dumpfen Menschenmassen wirken plötzlich bedrohlich, die größenwahnsinnige Selbstdarstellung der Partei nimmt etwas Brutales, etwas Erdrückendes an.

Unter den Zuschauern dieses Parteitagspektakels, des neunten seiner Art, befindet sich auch ein junger Priester aus Wien, der schon seit Jahren ein erklärter Anhänger des Nationalsozialismus und sogar illegales Mitglied der in Österreich verbotenen NSDAP ist. Wie so viele traut er Hitler als Einzigem zu, Deutschland endlich aus den demütigenden Fesseln des nach dem Ersten Weltkrieg geschlossenen Friedensvertrages zu befreien und der deutschen Nation ihr Selbstbewusstsein und ihre einstige Stellung in der Welt wieder zurückzugeben.

Der junge Geistliche ist nach Nürnberg gekommen, wohl um einmal die Partei, der er mit so viel Enthusiasmus angehört, und die Leute, die diese Partei vertreten, aus der Nähe kennen zu lernen. Aber das, was er hier zu sehen und zu hören bekommt, erschreckt ihn zutiefst, denn es passt so gar nicht in das Bild, das er sich vom Nationalsozialismus gemacht hat. Dieses laute Machtgehabe, der Drill, die Hetzparolen ... Betroffen und irritiert weicht der hochintelligente und sensible Mann innerlich zurück. Hier riecht alles nach Gewalt, nach Zwang, nach Unfreiheit, nach Diktatur. Hier ist kein Platz für Individualisten wie ihn, für persönliche Freiheit, für Anderssein. Hier gibt es nur Gleichschaltung, Linie und Gehorsam. Das ist nicht die Ideologie, der er sich zugehörig fühlt und für die er eintreten will.

Verstört und enttäuscht macht er sich auf die Heimreise nach Wien. Er hat keinen Blick für die an ihm vorbeiziehende Landschaft, seine Mitreisenden interessieren ihn nicht. Zu sehr rasen die Gedanken in seinem Kopf. Und nach und nach wird er sich bewusst: Er ist die ganze Zeit auf dem falschen Weg gewesen! Er muss umkehren!

Aber wie hat er sich bloß derart irren können? Was war passiert? Er versucht sich zu erinnern. Die Bilder der Vergangenheit tauchen vor seinem inneren Auge auf.

* * *

Mährisch-Schönberg, das heutige Šumperk, jener kleine Ort am Fuße der Sudeten, wo er am 16. Januar 1912 als lediges Kind der Josefa Scholz zur Welt gekommen war. Damals, im Jahre 1912, präsentierte sich die österreichisch-ungarische Monarchie noch in ihrer alten, unerschütterlich scheinenden Ordnung und kaum jemand konnte sich vorstellen, dass es jemals anders sein würde.

Man taufte ihn auf den Namen Karl und übergab ihn der Obhut der Großmutter, da seine Mutter schon bald nach seiner Geburt heiratete und nach Steyr zog.

Karl Scholz wuchs in ärmlichen Verhältnissen auf. Die Großmutter, eine einfache, fromme Frau, verdingte sich als Dienstmädchen, um sich und ihren arbeitslosen Mann durchzubringen. Dennoch verstand sie es, ihrem Enkel die nötige Wärme und Geborgenheit zu geben, die es ihm erlaubten, sich zu einem aufgeweckten, überdurchschnittlich begabten Kind zu entwickeln. Es ist wahrscheinlich der Aufmerksamkeit des Volksschullehrers und der Einsicht der Großmutter zu verdanken, dass Karl trotz seiner bescheidenen Herkunft die deutsche Mittelschule in seinem Heimatort besuchen durfte. Auch dort fiel er rasch durch seine Intelligenz und sein Talent für Fremdsprachen auf. Ein Jugendfreund erinnerte sich später: »Karl war ein sehr fleißiger und gescheiter Schüler. Seine Maturaarbeit in Englisch erregte solches Aufsehen, dass sie das Stadtgespräch von Schönberg wurde ...« Scholz galt als Sprachgenie, denn er beherrschte nicht weniger als zwölf Fremdsprachen. Außerdem beschäftigte er sich schon damals intensiv mit Dichtung und mit Politik.

Wie die meisten seiner Schulkollegen war er Mitglied des katholischen Jugendbundes »Staffelstein« und des Deutschen Turnerbundes, beides Organisationen, die stark »deutschnational« geprägt waren. Der Begriff stammte noch aus den Zeiten des habsburgischen Vielvölkerstaats, hatte jedoch nach dem Ersten Weltkrieg im Sudetenland eine neue Bedeutung erhalten.

Hatten unter dem Kaiser Deutschtum und deutsche Sprache noch als Vorzug gegolten und einen von der slawischen Bevölkerung abgehoben, so hatte sich nun die Situation ins Gegenteil verkehrt. In der neu gegründeten tschechoslowakischen Republik sahen sich die rund drei Millionen Sudetendeutschen plötzlich auf den Status einer nationalen Minderheit degradiert, ein Faktum, das die Jahrhunderte lang unterdrückten Tschechen im Übrigen niemals zu betonen vergaßen.

Im Sudetenland reagierte man auf diese Diskriminierung mit einer verstärkten Pflege der deutschen Sprache und des deutschen Kulturgutes. In den deutschen Schulen und Bildungsvereinen, den deutschen Jugend- und Studentenverbindungen wurde das Heimatgefühl und die Volkszugehörigkeit, deutsche Kunst und Literatur gefördert und verbreitet. Auch auf politischer Ebene waren die Sudetendeutschen im neuen Staat aktiv. Bereits 1919 war die deutsch-nationale Partei gegründet worden, die es sich zur Aufgabe gemacht hatte, die Rechte der deutschen Minderheit gegen den tschechischen Staat zu vertreten.

Karl Scholz wurde also fast zwangsläufig von der national-patriotischen Atmosphäre, in der er heranwuchs, geprägt. Die Tatsache, dass er Sudetendeutscher war, beeinflusste mit Sicherheit sein starkes politisches Interesse. Dennoch stand für ihn bereits während der Schulzeit der Entschluss fest, Priester zu werden. Dabei spielte aber wohl nicht allein die innere Berufung eine Rolle, bot doch der Klostereintritt für einen jungen Mann aus bescheidenen Verhältnissen, wie Scholz es nun einmal war, eine der wenigen Möglichkeiten, ein Hochschulstudium zu absolvieren. Über Vermittlung seines Religionsprofessors fand er den Weg in das Augustiner-Chorherrenstift in Klosterneuburg bei Wien, in das er gleich nach der Matura im August 1930 als Novize eintrat.

Schon zur Zeit der Habsburgermonarchie galt Klosterneuburg als traditionelle Ausbildungsstätte für angehende Priester aus den deutschsprachigen Gebieten Böhmens und Mährens. Das Stift, zu dem dreißig Pfarren in Wien und Niederösterreich gehörten, bot Studierenden eine breite Palette an Möglichkeiten. Es verfügte über eine eigene Lehranstalt, dazu eine umfangreiche Bibliothek sowie mehrere Kunstsammlungen. Daneben gab es zahlreiche Kulturinstitutionen, die vom Stift geleitet wurden, aber auch in den land- und forstwirtschaftlichen Betrieben und nicht zu vergessen im Weinbau fanden Interessierte ein großes Betätigungsfeld. Und nicht zuletzt waren die Augustiner-Chorherren bekannt dafür, dass sie Individualisten genügend Raum boten. Genau der richtige Ort also für den jungen Karl Scholz.

Bei seinem Eintritt in das Kloster nahm Scholz den Ordensnamen Roman an, der von nun an seinem weltlichen Vornamen, Karl, vorangestellt war. Ein neuer Abschnitt in seinem Leben hatte begonnen. Der intellektuelle Einzelgänger genoss die Abgeschiedenheit des Klosters. Hier konnte er sich voll und ganz seinem Studium an der stiftseigenen Hochschule widmen und es blieb auch noch genügend Zeit für ausgedehnte Spaziergänge in den Weinbergen rund um Klosterneuburg, wo sich der Naturliebhaber Inspiration für seine schriftstellerische Tätigkeit holte. 1934 erschien unter dem Titel »Feine ferne Dinge« sein erster Gedichtband im Selbstverlag, eine Sammlung von Landschaftsimpressionen und Stimmungsbildern.

Roman Scholz war damals 22 Jahre alt, ein gut aussehender, schlanker junger Mann mit blonden Haaren und blauen Augen, romantisch veranlagt, feinfühlig und vergeistigt. Ein Mensch, der sich lieber in sich zurückzog als mit seinen Mitbrüdern in engeren Kontakt zu treten. Manche hielten ihn deshalb für arrogant und abgehoben. Tatsächlich machte Scholz auch gar kein Hehl daraus, dass er sich den meisten Leuten geistig überlegen fühlte. Hinter dieser Attitüde aber verbarg sich ein Mann mit einer vielschichtigen, faszinierenden Persönlichkeit, die sich nur jenen offenbarte, die hinter die kühle, ein wenig überhebliche Fassade zu blicken vermochten.

Erst 1934, kurz nachdem er im August seine Ordensgelübde abgelegt hatte, schloss Scholz Freundschaft mit zwei Novizen, die er damals zu betreuen hatte. Der eine war Viktor Reimann, der spätere Journalist und Schriftsteller, der andere Fritz Lehmann, nachmals bekannter Burgschauspieler. Mit ihnen führte er auf seinen Spaziergängen lange angeregte Gespräche, in denen es nicht nur um Glaubensfragen ging, sondern auch um Kunst und sehr häufig auch um Politik. Die beiden wurden zu Scholz' engsten Vertrauten und hatten dadurch Gelegenheit, ihn auch als Menschen gut kennen zu lernen. So schrieb etwa Reimann: »Roman Scholz war ein widersprüchlicher Charakter: stark und wehleidig,

liebenswürdig und abweisend, liebeshungrig und hasser-
füllt, charmant und arrogant, feinfühlig und hochmütig,
Gottsucher und von Zweifeln gepeinigt, Priester und Rebell,
von zartestem Gefühl und bohrendem Verstand. Wer ihm
näher kam, konnte sich kaum dem Zauber seiner Persönlichkeit entziehen, aber auch das Gefühl nicht loswerden,
dass er vereinnahmt werden soll. Scholz konnte nicht verstehen, dass man ihn nicht versteht, verstand aber selbst
nur allzu oft die anderen nicht.«
Die Widersprüchlichkeit seines Wesens offenbarte sich auch
im Wirken des jungen Geistlichen: Dem sensiblen, entrück-
ten Lyriker auf der einen Seite stand auf der anderen der
weltoffene, politisch interessierte und engagierte Mann gegenüber.
In solch turbulenten Zeiten, wie es die dreißiger Jahre waren, konnte man sich selbst hinter den dicken Mauern eines
Klosters nur schwerlich der Politik entziehen. Denn die zunehmende Radikalisierung zwischen Regierung und Opposition ließ wohl niemanden kalt. Vor allem aber am immer
mehr um sich greifenden Nationalsozialismus schieden sich
die Geister. Auch im Stift Klosterneuburg gab es den einen
oder anderen, der mit der neuen Ideologie sympathisierte.
Auch Roman Scholz gehörte dazu.
Als Sudetendeutscher erwartete er sich die Wiederaufersteh-
hung Deutschlands als führende Kulturnation, der er sich
zugehörig fühlte. Als Patriot erhoffte er sich darüber hinaus
vom Nationalsozialismus eine Lösung der politischen und
vor allem der wirtschaftlichen Probleme Österreichs.   Er
war überzeugt, »dass Österreich nicht herumkommen würde, sich Deutschland anzuschließen«.
Scholz machte auch gar kein Geheimnis aus seiner politischen Neigung. So bat er etwa seinen Freund Viktor Reimann, etwas für die Angehörigen der seit dem missglückten
Putsch vom Juli 1934 inhaftierten Nationalsozialisten zu
spenden, was dieser gerne tat. Und anlässlich seiner Pries-
terweihe am 21. Mai 1936 soll er auf die Frage, was er sich

als Primizgeschenk wünsche, geantwortet haben: »Wenn ich mir's wünschen könnte, hätte ich am liebsten eine SA-Uniform.«

Mit seinen Ansichten stand Roman Scholz bei weitem nicht alleine da. Allerdings unterschieden sie sich doch sehr von der offiziellen Haltung der österreichischen Amtskirche, die schon 1932 und 1933 in mehreren Hirtenbriefen vor den Auswüchsen des Nationalsozialismus gewarnt hatte.[1]

In Deutschland dagegen hatte sich die katholische Kirche zunächst durchaus mit Hitler zu arrangieren gewusst. Und hatte nicht sogar der Papst im Juli 1933 das Konkordat mit dem Diktator geschlossen, weil er im Nationalsozialismus den einzigen, wirklich starken Partner im Kampf gegen den gottlosen Bolschewismus sah?

Für ihre Anerkennung des NS-Regimes und den Rückzug aus dem Vereins- und Parteileben wurden der Kirche in Deutschland eine Reihe von Zugeständnissen gemacht. So wurde etwa die katholische Schule garantiert und die Freiheit der kirchlichen Behörden und der kirchlichen Presse zugesichert. Von Seiten des Heiligen Stuhles erhoffte man sich durch das Konkordat in erster Linie ein friedliches Zusammenleben mit den neuen Machthabern in Deutschland. Dafür war man offenbar bereit, über vieles hinwegzusehen und sogar die antisemitischen Ausschreitungen im Lande als Auswüchse einiger radikaler Randgruppen beiseite zu schieben.

Auch Scholz scheint sich dahingehend selbst beruhigt zu haben, wenn er meinte, »dass das katholische Österreich, falls es zum Anschluss kommen sollte, den Katholizismus im Reich stärken und viele Auswüchse des Regimes verhindern werde«. Allerdings dürften ihm sehr bald Zweifel an seinen eigenen Worten gekommen sein. Denn die gewalttätigen und menschenverachtenden Methoden, derer sich

---

[1] vgl. dazu auch das Kapitel über Franz Jägerstätter

der Nationalsozialismus bediente, waren inzwischen unübersehbar. Er war schockiert und abgestoßen.

Im August 1936, kurz nach seiner Weihe zum Priester, übernahm Scholz das Amt eines Kaplans in der Pfarre St. Jakob in Wien-Heiligenstadt. Zu diesem Zeitpunkt dürfte er bereits begonnen haben, seine Einstellung zum Nationalsozialismus zu überdenken.

Hitler hatte angefangen der Welt sein wahres Gesicht zu zeigen. Mit der Verabschiedung der so genannten Nürnberger Rassengesetze im September 1935 erreichte der nationalsozialistische Antisemitismus einen ersten schändlichen Höhepunkt. Im darauf folgenden März zerriss der Führer mit der Besetzung der linksrheinischen Gebiete das Lügengespinst seiner angeblichen Friedensabsichten. Kurz darauf wurde in Deutschland die aktive Wehrpflicht auf zwei Jahre verlängert, ein weiterer Hinweis darauf, dass Hitler auf einen Krieg hinarbeitete. Etwa um die gleiche Zeit tauchten auch erste Gerüchte über Euthanasie an so genannten »unwerten« Leben auf, was bei protestantischen wie katholischen Institutionen entschiedenen Widerstand auslöste.

Zeit für Hitler, nun auch der Kirche, vor allem der katholischen mit ihrer straffen Organisation, den Kampf anzusagen. Was scherte ihn das Konkordat, wo er doch ohnedies keinen Augenblick lang vorgehabt hatte, sich an seinen Vertrag mit Rom zu halten. Der Einfluss, den der Klerus auf die Bevölkerung hatte, war ihm seit jeher ein Dorn im Auge. Anfangs hatte er ihn jedoch noch für seine Zwecke gebraucht. Jetzt nicht mehr. In einer Diktatur war kein Platz für zwei starke Mächte. Der Nationalsozialismus sollte das Leben der Menschen ganz und gar durchdringen und damit auch die Religion ersetzen.

Systematisch, zunächst in kleinen Schritten, begann man gegen die Kirche vorzugehen. Katholische Verbände und katholische Presse wurden verboten, Jugendarbeit und karitative Tätigkeit kirchlicher Organisationen behindert. Dann nahm man die Orden und ihre Mitglieder aufs Korn.

Im enormen Reichtum der Kirche, den sie sich nur allzu gerne aneignen wollten, fanden die Nazis die erste Möglichkeit, ihren Konkurrenten um Macht und Einfluss öffentlich zu diffamieren. In einer weit verzweigten Institution wie der katholischen Kirche, in der so viel Geld floss, musste man nicht allzu lange suchen, um irgendwo auf Unregelmäßigkeiten zu stoßen. Und im Frühjahr 1935 hatte man, was man wollte: 60 Aufsehen erregende Prozesse wegen Geldverschiebung ins Ausland und Devisenvergehen gegen mehrere deutsche Orden. An den Vorwürfen war nicht zu rütteln und die kirchlichen Behörden standen auch nicht an, »die Verfehlungen gegen den Staat und die deutsche Volksgemeinschaft aufs ernsteste zu verurteilen«. Doch die NS-Propaganda trat die Sache mit aufgebauschten Berichten genüsslich breit, um in der Bevölkerung Stimmung gegen den Klerus zu machen.

Gerade recht kam ihr da die Aufdeckung eines weiteren Skandals in Kirchenkreisen. Diesmal stand die Sittlichkeit der Padres am Pranger. 58 katholische Priester und Mönche waren wegen sexueller Vergehen angeklagt. Mit hämischer Freude erging sich die NS-Presse, allen voran der »Völkische Beobachter«, in der Schilderung unmoralischer Geschichten aus deutschen Klöstern. Und Goebbels sprach gleich von »Tausenden von Fällen, die ans Licht gekommen seien und nur einen kleinen Bruchteil des ganzen moralischen Sumpfes ausmachten«. Die wilde antiklerikale Hetzkampagne, die die Nationalsozialisten damit entfachten, stand in keiner Relation zu den tatsächlichen Geschehnissen. Aber sie zeigte Wirkung: Die Zahl der Kirchenaustritte stieg von 26 000 im Jahre 1934 auf 108 000 im Jahr 1937.

Angesichts dieser unerträglichen Diffamierungen, die einem Kreuzzug gegen die gesamte Kirche gleichkamen, sah sich Papst Pius XI. gezwungen, Stellung zu nehmen. »Mit brennender Sorge« hieß seine Enzyklika vom 14. März 1937, die er heimlich nach Deutschland schmuggeln und dort am folgenden Sonntag von den Kanzeln aller katholischen Kir-

chen verlesen ließ. Der Papst äußerte darin seine tiefe Sorge über die »wachsende Bedrängnis« der Gläubigen im Dritten Reich und er warnte ausdrücklich davor, »der Irrlehre [zu] verfallen, von einem nationalen Gott, von einer nationalen Religion zu sprechen«. Er betonte noch einmal seinen innigen Wunsch, dass wieder Frieden einkehren möge zwischen Kirche und Staat in Deutschland, schloss aber dann kämpferisch: »Wenn aber – ohne Unsere Schuld – der Friede nicht sein soll, dann wird die Kirche Gottes ihre Rechte und Freiheiten verteidigen im Namen des Allmächtigen ...«
Pius XI. wandte sich also unmissverständlich gegen die »neuheidnischen« Lehren des Nationalsozialismus. Gegen die Diktatur des Dritten Reiches, gegen die Konzentrationslager und gegen die Judenpogrome fand er jedoch keine Worte. Offenbar wollte er sich mit seinem Partner im Kampf gegen den Kommunismus nicht völlig überwerfen.
Die päpstliche Enzyklika war an die Katholiken in Deutschland gerichtet, erregte aber auch im Ausland Aufsehen. Im autoritären Ständestaat Österreich hatte die Kirche im Jahre 1937 allerdings noch nichts zu befürchten. Im Gegenteil, sie genoss hier sogar eine besonders privilegierte Stellung und ihr Einfluss auf die Politik des Landes war beträchtlich. Das Rundschreiben des Heiligen Vaters aber war natürlich auch hier zu Lande ein Gesprächsthema.
Vielleicht waren es letztendlich die besorgten, eindringlichen Worte des Papstes, die Scholz dazu veranlassten, nach Nürnberg zu fahren, um sich persönlich ein Bild von der NSDAP zu machen.
Die Reise[2] führte eine geistige Wende bei dem jungen Priester herbei. Nürnberg erwies sich als Schockerlebnis. Es war, als gingen ihm plötzlich die Augen auf. Diese Partei stand nicht für die Befreiung Deutschlands, sondern für Hass, In-

---

[2] bis heute nicht geklärt, ob Scholz 1936 oder 1937 nach Nürnberg fuhr. Wahrscheinlicher ist jedoch das Jahr 1937.

toleranz, Verfolgung und Krieg. In seinem Inneren muss sich damals eine radikale Abkehr von den Ideen des Nationalsozialismus vollzogen haben. Als er nach Wien zurückkehrte, fanden ihn seine Freude völlig verändert. Doch er vertraute sich niemandem an, sprach nicht über das, was in ihm vorging. Nur zu Reimann sagte er einmal: »Ich bin so niedergeschmettert, mein ganzes Nationalgefühl ist zusammengebrochen.«

Die dumpfen, unheilvollen Ahnungen von Unfreiheit und drohendem Krieg, die Scholz in Nürnberg befallen hatten, sollten sich bald bewahrheiten. Am 12. März 1938 marschierten deutsche Truppen in Österreich ein. Viele jubelten an diesem Tag. Sogar der Sozialdemokrat Karl Renner und Kardinal Innitzer begrüßten den Anschluss. Und die katholischen Bischöfe Österreichs veröffentlichten am 18. März eine feierliche Erklärung, in der es hieß: »Aus innerster Überzeugung und mit freiem Willen erklären wir unterzeichneten Bischöfe der österreichischen Kirchenprovinz anlässlich der großen geschichtlichen Geschehnisse in Deutsch-Österreich:

Wir erkennen freudig an, dass die nationalsozialistische Bewegung auf dem Gebiet des völkischen und wirtschaftlichen Aufbaus sowie der Sozialpolitik für das Deutsche Reich und Volk und namentlich für die ärmsten Schichten des Volkes Hervorragendes geleistet hat und leistet. Wir sind auch der Überzeugung, dass durch das Wirken der nationalsozialistischen Bewegung die Gefahr des alles zerstörenden gottlosen Bolschewismus abgewehrt wurde. Die Bischöfe begleiten dieses Wirken für die Zukunft mit ihren besten Segenswünschen und werden auch die Gläubigen in diesem Sinne ermahnen. Am Tage der Volksabstimmung ist es für uns Bischöfe selbstverständliche Pflicht, uns als Deutsche zum Deutschen Reich zu bekennen, und wir erwarten auch von allen Gläubigen, dass sie wissen, was sie ihrem Volke schuldig sind.« Hatten sie denn die eigenen Warnungen vergessen, die sie noch vor kurzem zum Nationalsozialismus abgegeben hatten? Oder überwog die Hoffnung auf Überwindung der politischen und wirtschaftlichen Schwierigkeiten einfach alle Zweifel und Ängste? Hoffte man, sich durch Anpassung irgendwie arrangieren zu können? Eine gefährliche Selbsttäuschung, wie sich schnell herausstellte.

Denn die Brutalität des neuen Regimes zeigte sich unmittelbar nach dem Einmarsch. Innerhalb weniger Tage wurden nicht weniger als 70 000 NS-Gegner und missliebige Personen verhaftet. Auch die Kirche wurde nach und nach aus dem öffentlichen Leben gedrängt, katholische Schulen wurden geschlossen, katholische Jugend- und Studentenverbindungen verboten, geistliche Schwestern aus den Spitälern entfernt, Klöster und Stifte aufgelöst und ihr Vermögen eingezogen.

Die Anschlusseuphorie der ersten Tage wich Enttäuschung und Protest. Das war kein Anschluss im Sinne einer Union zweier Länder, sondern die totale Vereinnahmung, ja die Auslöschung Österreichs. Es hieß jetzt »Ostmark«, seine Länder wurden in Gaue umbenannt, Straßen und Plätze erhielten neue Namen. Gleichzeitig wurden die persönliche Freiheit und die Rechte des Einzelnen spürbar eingeschränkt. Am 7. Oktober 1938 kam es daher im und vor dem Wiener Stephansdom zu einer spontanen Demonstration der Katholischen Jugend gegen das nationalsozialistische Regime. Die Antwort war ein Überfall der Hitlerjugend auf das daneben liegende Erzbischöfliche Palais, das dabei völlig verwüstet wurde.

An allen Ecken und Enden des Landes begann sich nun Widerstand in den verschiedensten gesellschaftlichen Gruppierungen zu formieren, der allerdings angesichts der gewaltigen Organisation des Nationalsozialismus so gut wie chancenlos war.

Einer der Ersten, der dem Terror der NS-Diktatur den Kampf ansagte, war Roman Scholz, der zu jener Zeit gerade als Religionslehrer am Klosterneuburger Gymnasium tätig war. Viele seiner Schüler erinnern sich heute noch, mit wel-

71

cher Begeisterung sie den Worten des jungen feschen Priesters gelauscht hatten, der es verstanden hatte, ihnen »die christliche Religion in beeindruckender und überzeugender Weise nahe zu bringen« und ihnen zu zeigen, »dass Christsein dem Leben Sinn verleiht«. Auch die Bibelstunden, die Scholz für die Angehörigen der aufgelösten Klosterneuburger Studentenkongregation abhielt, fanden wegen seiner mitreißenden Vortragsweise regen Zulauf.

So versammelte sich regelmäßig ein Kreis begeisterter und begeisterungsfähiger junger Leute um den charismatischen Geistlichen und lauschte seinen Ausführungen über Religion, in die wohl so manches kritische Wort zur politischen Lage einfloss. Dass sich Scholz dabei indirekt als Gegner der NS-Ideologie zu erkennen gab, rief wohl bei einigen zunächst Erstaunen hervor, galt er doch allgemein als eingefleischter Nazi.

Nervös und besorgt beobachtete Roman Scholz die Ereignisse in Österreich. Bereits im Mai 1938 hatte er zu Reimann gemeint, »ob es nicht an der Zeit wäre, etwas gegen den immer rabiater werdenden Nationalsozialismus zu unternehmen«. Im Herbst desselben Jahres schritten sie schließlich zur Tat und gründeten die »Deutsche Freiheitsbewegung«, die sie nach Kriegsausbruch dann in »Österreichische Freiheitsbewegung« (ÖFB) umbenannten. Sie konnten nicht ahnen, dass sie soeben Österreichs erste Widerstandsgruppe ins Leben gerufen hatten.

Es muss ein bewegender Augenblick gewesen sein, als sich die beiden jungen Männer gegenseitig den folgenden Eid abnahmen, den auch jedes neue Mitglied zu leisten hatte: »Ich schwöre meinen heiligsten Eid, der alle anderen Eide bricht, dass ich der Sache der Deutschen Freiheitsbewegung mit dem Einsatz aller meiner Kräfte dienen, ihrer Führung unbedingt den Gehorsam leisten und ihr Geheimnis jederzeit und vor jedermann wahren werde. Gott ist der Zeuge und Rächer meines Eides.«

Nach und nach stießen weitere Mitglieder zur Gruppe. Als

Erstes der damals erst 16-jährige Herbert Crammer, der gemeinsam mit einigen gleich gesinnten Freunden das Freikorpsfähnlein St. Leopold gegründet hatte, das nunmehr in die Scholz-Bewegung eingegliedert wurde. Die jungen Burschen rekrutierten ihrerseits eifrig Freunde und Bekannte, die in erster Linie aus der bürgerlich-katholischen Schicht kamen, darunter viele Studenten und Schüler. 1939 stieß auch Burgschauspieler Fritz Lehmann, ehemaliger Novize im Stift Klosterneuburg und enger Freund von Reimann und Scholz, zur ÖFB. Er brachte im Laufe der Zeit mehrere Leute aus dem Burgtheater, darunter den Schauspielerkollegen Otto Hartmann, zur Bewegung. Bis zum Frühjahr 1940 wuchs die Gruppe auf etwa 300 Mitglieder an.

Aus Sicherheitsgründen war die Bewegung in mehreren kleineren Einheiten und Untergruppierungen organisiert, sodass die wöchentlichen Treffen, bei denen die politische Lage erörtert wurde, immer nur im kleinsten Kreis stattfanden. Scholz selbst traf sich mit seinen Vertrauensleuten meist in seiner Wohnung im Stift oder in einem Zimmer in der Gersthofer Straße im 18. Bezirk, das er zu diesem Zweck gemietet hatte.

Ziel der ÖFB war – wie der Name schon andeutete – ein freies Österreich auf der Grundlage von Glaubens- und Meinungsfreiheit. Es sollte vor allem durch Vorträge und entsprechende Literatur erreicht werden, in denen auf die Gefahren des Nationalsozialismus hingewiesen wurde. Eine Art Aufklärungsarbeit und Anregung zur geistigen Auseinandersetzung mit der NS-Ideologie also, die zunächst nur für die eigenen Leute gedacht war. Später kamen Streu- und Klebezettelaktionen hinzu, um dadurch mehr Menschen zu erreichen und die Bevölkerung aufzurütteln. Diese Zettel wurden hauptsächlich in Wien verteilt und trugen kurze, einprägsame Texte wie:

Nieder mit den Nazi-Bonzen,
wir wollen Frieden und Freiheit.

Österreicher, was wollt ihr?
Frieden und Freiheit oder Hunger und Hitler?

Wir wollen keine Kolonie sein,
Österreich den Österreichern.

Roman Scholz selbst, der ab September 1939 als Professor
für Theologie und christliche Philosophie an der Ordens-
hochschule des Stiftes Klosterneuburg tätig war, benützte
seine Vorlesungen, um sich wiederholt kritisch mit dem Nationalsozialismus auseinander zu setzen, ohne dabei jedoch
– wie auch in seinen Bibelstunden – die Existenz seiner Bewegung zu erwähnen. Auch achtete er sehr sorgsam darauf,
dass sich seine Widerstandsaktivitäten tunlichst außerhalb
des Klosters abspielten, um seine Mitbrüder nicht zu gefährden. Das scheint ihm auch gelungen zu sein, denn im Kloster hielt man ihn immer noch für einen Nazi. Keiner ahnte,
dass er in seiner Zelle regelmäßig verbotene »Fremdsender«
hörte.
Inzwischen bemühte sich Scholz' Freiheitsbewegung darum, Kontakte ins Ausland herzustellen. Eine Möglichkeit
dazu ergab sich im August 1939, als Scholz von einem Lord,
der das Stift besichtigt hatte, eine Einladung nach England
erhielt. Man nimmt an, dass er diese Reise auch dazu nüt-
zen wollte, gewisse Stellen in Frankreich und England auf
seine Bewegung aufmerksam zu machen. Ein Empfehlungs-
schreiben in französischer Sprache an die Kirchenbehörden,
das er sich vom Propst des Stiftes Klosterneuburg, Alipius
Josef Linda, ausstellen ließ, deutet darauf hin. Mit dem Ausbruch des Krieges aber wurde der Fall Österreich für die
Welt zur Nebensache und Roman Scholz sah sich zur Heim-
kehr veranlasst.
Trotzdem dürfte die Hoffnung auf Unterstützung aus dem
Ausland in der »Österreichischen Freiheitsbewegung« weiterhin bestanden haben. Denn im Frühjahr 1940 fertigte Kaplan Ignaz Kühmayer, der seit kurzem Mitglied der Gruppe

war, für diejenigen seiner Mitstreiter, die zum Wehrdienst eingezogen wurden, Ausweise in englischer und französischer Sprache an, die er mittels eines fotochemischen Verfahrens auf Briefmarkengröße verkleinerte. Sie sollten in die Uniform eingenäht und im Falle einer Gefangenschaft vorgezeigt werden. Der englische Text lautete: »The bearer of this certificate is a member of the Österreichische Freiheitsbewegung (Austrian Resistance Movement). He is recommended to the allied authorities for special treatment and use. Vienna 1940.«[3]

Alle Mühe schien jedoch umsonst gewesen, als Frankreich im Juni 1940 vor der deutschen Übermacht kapitulieren musste. Hitlers Wehrmacht und damit auch der Nationalsozialismus schienen zu diesem Zeitpunkt unbesiegbar und in ihrem Vormarsch nicht zu stoppen. Scholz verlor damals offenbar den Glauben an die Sinnhaftigkeit seiner Bewegung und es scheint, als sei er zu der Überzeugung gelangt, dass jeder Widerstand aussichtslos geworden sei. Denn er war entschlossen, seine Gruppe aufzulösen, wohl um seine Anhänger, unter denen sich ja viele Jugendliche befanden, nicht länger zu gefährden. Doch die meisten der anderen Mitglieder waren dagegen. Sie wollten weitermachen, gerade jetzt, meinten viele, wäre Widerstand wichtiger denn je.

Besonders stark für ein Weitermachen trat Otto Hartmann ein, der inzwischen zu einem der engsten Vertrauten von Scholz aufgerückt war. Er schlug sogar vor, zu Sprengstoffattentaten und Sabotageaktionen überzugehen, was Scholz, der allein auf gewaltlosen Widerstand setzte, ablehnte. Dafür beschloss man das Zusammengehen mit zwei anderen Widerstandsgruppen, und zwar mit der monarchistischen »Großösterreichischen Freiheitsbewegung« des Rechtsanwaltes Dr. Jakob Kastelic und mit dem »Österreichischen

---

[3] Der Inhaber dieses Ausweises ist Mitglied der Österreichischen Freiheitsbewegung. Die alliierten Behörden werden gebeten, ihn besonders zu behandeln und zu verwenden. Wien 1940

Kampfbund«, den der Finanzbeamte Dr. Karl Lederer ins Leben gerufen hatte. Damit hoffte man an Schlagkraft und Breitenwirkung zu gewinnen.

Mit neuem Enthusiasmus nahmen die Mitglieder der ÖFB ihre Widerstandsaktivitäten wieder auf. Keiner ahnte, dass die Entscheidung dieses Tages eine tödliche Spirale in Gang gesetzt hatte. Keiner ahnte, dass sich über ihnen bereits das Netz zusammenzog, das ein niederträchtiger Verräter gespannt hatte.

Am 17. Juni 1940 hatte nämlich ein Mann das berüchtigte Gestapo-Gebäude am Morzinplatz betreten, um eine Anzeige zu erstatten. Es war Otto Hartmann.

Was um Himmels willen hatte ihn bewogen, Menschen, mit denen er seit über einem Jahr verkehrte und deren uneingeschränktes Vertrauen er besaß, Menschen, die nichts anderes taten als für ihr Recht auf Freiheit zu kämpfen – und das ausdrücklich ohne Anwendung von Gewalt, dem Henker auszuliefern? War es die Aussicht auf die Belohnung von 30 000 Reichsmark? Oder die Hoffnung auf bessere Rollen und eine glanzvolle Karriere am Burgtheater? Wollte er dem Kriegsdienst entgehen? Oder hatte er bloß Angst bekommen und versuchte nun schlicht und einfach seine Haut zu retten?

Was auch immer es war, das ihn zu dessen Verrat bewogen hatte, fest steht: Er handelte dabei aus eigenem Antrieb. Und das war das eigentlich Furchtbare daran. Der geheime Gestapo-Akt vom 12. Dezember 1940 mit dem Schlussbericht zur Sache »Österreichische Freiheitsbewegung« bestätigt es: »... Hiezu ist zu erwähnen«, heißt es darin, »dass die Geheime Staatspolizei von dem Bestand dieser Organisation zunächst durch eine Anzeige des Burgschauspielers Otto Hartmann, 22. 1. 1904 in Wien geboren, D.R., ev. A.B., ledig, Wien, I., Reichsrathstraße 7/8, whft., die dieser am 17. 6. 1940 hier erstattete, Kenntnis erhalten hat.

Da Otto Hartmann zu diesem Zeitpunkt selbst Mitglied und Funktionär dieser Organisation war, für sich aber durch die

Anzeigeerstattung die Begünstigung der Straffreiheit nach §
82/3 RStG in Anspruch nehmen konnte, wurde er von hier
beauftragt, weiterhin als Mitglied in der Bewegung zu ver-
bleiben, um auf diese Weise eine restlose Erfassung aller
führenden Organisationsangehörigen und ihrer Hintermän-
ner zu ermöglichen ...«

Hartmann war also nicht, wie vielfach vermutet wurde, von
der Gestapo als Spitzel oder als Agent Provocateur in die
Scholz-Gruppe eingeschleust worden. Auch dürfte er nicht
der Gruppe beigetreten sein in der Absicht, sie auffliegen
zu lassen. Seinen fatalen Entschluss dürfte er wahrscheinlich erst später gefasst haben.

Vielleicht hätte ein bisschen mehr Vorsicht und ein bisschen
mehr Menschenkenntnis auf Scholz' Seite das Unheil verhindern können. Denn nachträglich betrachtet passte Hartmanns Handlungsweise exakt zu seiner bisherigen Biografie.
Er scheint ein typischer Wendehals gewesen zu sein, ein
Mensch, der sein Fähnlein stets nach dem Wind hängte.
1933, als er ans Burgtheater kam, sympathisierte er gerade
mit den Nationalsozialisten, ein Jahr später, nach dem Verbot der NSDAP, wandte er sich von ihnen ab, um einer mi-
litärischen Organisation von Schuschniggs Vaterländischer
Front beizutreten. Am Tag des Anschlusses aber trug er,
passend zur neuen Situation, schon wieder eine SA-Uniform.

Offenbar aber war Hartmann im wirklichen Leben ein bes-
serer Schauspieler als auf der Bühne, wo er es nie über ein
bescheidenes Mittelmaß hinausbrachte, denn als er im Frühjahr 1939 über Vermittlung von Fritz Lehmann zur Scholz-
Gruppe stieß, glaubte ihm jeder seine Geschichte, dass er
nur zur Tarnung der NSDAP beigetreten sei. Keiner, der
misstrauisch wurde. Am wenigsten Scholz, der »geläuterte
Nationalsozialist«. Und so konnten die Geschehnisse ihren
tragischen Lauf nehmen.

Fünf Wochen waren seit Hartmanns Anzeige vergangen.
Die ganze Zeit über hatte er den engagierten Freiheits-

kämpfer gespielt und einen ganz besonderen Eifer an den Tag gelegt, sodass nie jemand auch nur auf den Gedanken gekommen wäre, an seiner Redlichkeit zu zweifeln. Ahnungslos stand Roman Scholz daher am 22. Juli 1940 am Bahnhof von Heiligenstadt und wartete gerade auf den Zug, als zwei Gestapobeamte an ihn herantraten und ihn verhafteten.

Es folgten tagelange Verhöre. Standhaft leugnete Scholz alles, was man ihm vorwarf. Schließlich aber konfrontierte man ihn mit Hartmanns Aussage und er musste zugeben, was dieser verraten hatte. Mehr jedoch sagte er nicht. Er tat, was er konnte, um seine Leute zu schützen. Auf Grund der genauen Kenntnisse, die Hartmann von der Gruppe gehabt hatte, war dies jedoch kaum möglich. In den folgenden Wochen wurden mehr als 200 Personen aus der ÖFB und den beiden anderen Widerstandsgruppen verhaftet. Viele von Scholz' Mitstreitern waren damals erst 17 oder 18 Jahre alt. Die Tatsache, dass er so junge Menschen in seine Gruppe aufgenommen hatte, machte man ihm später zum Vorwurf. Die Betroffenen selbst aber verteidigten ihn stets. Fast alle, darunter auch einige Frauen, wurden zu mehrjährigen Haftstrafen verurteilt.

Roman Scholz selbst verbrachte die folgenden vier Jahre in verschiedenen deutschen Gefängnissen. Er litt unsäglich unter dem Eingesperrtsein und den furchtbaren Haftbedingungen. Nur sein Glaube, das Schreiben und das Bewusstsein, dass es draußen Menschen gab, die zu ihm hielten, ließen den sensiblen Mann die Torturen der Haft überstehen. 157 Gedichte verfasste er im Kerker, Gedichte zwischen Verzweiflung und Hoffnung wie dieses mit dem Titel »Gnade«:

Das Loch, in dem ich lebe, ist so eng.
Die Luft, von der ich atme, ist so dumpf.
Und alles, was ich mir ersinn und denk,
macht meine Seele maßlos müd und stumpf.

Im Herbst 1943 wurde Roman Scholz nach Wien überstellt, wo ihm der Prozess gemacht werden sollte. Er scheint sich keine Hoffnungen auf Gnade mehr gemacht zu haben. »Dass man meinen Tod will, ist mir zur völligen Gewissheit geworden ... Dieser Prozess wird die widerlichste Justizkomödie sein, in der man alle antiklerikalen Instinkte abreagiert«, schrieb er im Dezember 1943 an eine Freundin. Und wenige Tage vor Verhandlungsbeginn, am 15. Februar 1944, wandte er sich noch ein letztes Mal an seine ehemaligen Mitbrüder und versicherte ihnen: »... Was ich getan habe, das tat ich aus der Not meines Gewissens heraus. Was ich als Christ und Mensch bedauern muss, tut mir herzlichst leid. Als Mann und Patriot habe ich nichts zu bereuen. Vor meinen Freunden und der Nachwelt bin ich ebenso gerechtfertigt wie vor mir selber. Daran mag auch die ganze Justizkomödie und alle Versuche, mich moralisch zu erledigen, nichts ändern. Gäbe es eine freie Verteidigung, wären andere die Angeklagten, nicht ich ... Ich weiß auch, wofür ich sterbe: für alles, was groß und gut und edel ist, und zum guten Teil auch für Gottes Wort ... Lebt also wohl! Euer Gebet und Gedenken wird mir die Kraft erflehen, weiter wie ein Mann und Christ zu dulden und auch das Schwierigste im Leben zustande zu bringen: das rechte Sterben! Nehmt meinen Dank für alles! In caritate X -, Romanus.«

Nach langen, qualvollen Monaten des Wartens fand am 22. und 23. Februar 1944 der Prozess gegen Scholz und mehrere Mitglieder seiner Bewegung vor dem Volksgerichtshof statt. Die Anklage warf ihnen Mitwirkung am »Aufbau und an den Vorbereitungen einer illegalen politischen Organisation« vor, die »den Sturz der nationalsozialistischen Staatsführung und die Losreißung der Donau- und Alpengaue vom Reich zum Ziel hatte«. Damit hätten sie »den Feind begünstigt und offen den Wehrwillen des deutschen Volkes zu zersetzen gesucht«.

Wie erwartet wurden Scholz und sechs seiner Mitstreiter für ehrlos erklärt und zum Tode verurteilt. Dasselbe Schicksal ereilte auch die Gründer der beiden anderen Widerstandsbewegungen, die mit der Scholz-Gruppe zusammengearbeitet hatten, Dr. Jakob Kastelic und Dr. Karl Lederer sowie drei seiner Kameraden.

Draußen unter den Freunden der Verurteilten, aber auch von Seiten des mittlerweile aufgelösten Stiftes Klosterneuburg begann nun ein Wettlauf mit der Zeit, um eine Begnadigung oder zumindest einen Aufschub zu erreichen. Vergeblich.

Am 10. Mai 1944 wurde Roman Scholz im Wiener Landesgericht I zum Schafott geführt. Es war genau 17.48 Uhr. »Für Christus und Österreich!«, rief er noch laut, dann fiel das Beil herab.

Roman Scholz war tot, seine Widerstandsbewegung war gescheitert. Dennoch war er nicht umsonst gestorben. Er selbst hat es in seinem bereits erwähnten Brief an seine Mitbrüder vom 15. Februar 1944 vorweggenommen: »Wer ich war und was ich geschaffen, wird die nahe Zukunft offenbaren. (Es sei denn, dass alles im Chaos versinkt!) Vielleicht werdet Ihr dann stolz darauf sein, dass ich zu Euch zählte ...«

Roman Scholz wurde zu einer der Symbolfiguren des patriotisch und christlich motivierten Widerstandes in Österreich. Und seine ehemaligen Schüler, Mitstreiter und Freunde bewahrten ihm bis heute ein ehrendes Andenken, indem sie sich alljährlich an seinem Todestag in der Basilika des Stiftes Klosterneuburg zu einer Gedenkmesse versammeln.

Die offizielle Anerkennung ließ dagegen ziemlich lange auf sich warten. Erst 1988 benannte die Stadt Klosterneuburg einen Platz nach dem Gründer der ersten Widerstandsgruppe Österreichs, kurz danach wurde am Klosterneuburger Gymnasium, wo Scholz einige Monate lang unterrichtet hatte, eine Gedenktafel für die »Österreichische Freiheitsbewegung« angebracht.

Dabei wusste man bereits seit dem Jahre 1947 um die historische Bedeutung, die Roman Scholz und seiner Bewegung – nicht zuletzt im Hinblick auf das internationale Ansehen Österreichs – zukommt. Denn am Beginn des viel beachteten Prozesses gegen den Verräter Otto Hartmann[4] hatte der Staatsanwalt ausgerufen: »... Es ist hier zum ersten Mal in der Öffentlichkeit klargestellt worden, dass sich schon im Jahre 1938 Österreicher zusammengefunden haben, um den Abwehrkampf gegen den Nationalsozialismus zu führen ... Vom ersten bis zum letzten Tag hat Österreich Widerstand geleistet. 1938, als Scholz und seine Mitarbeiter den Widerstand aufzubauen versuchten, hat die ganze Welt versucht, sich mit den Herren des Dritten Reiches gut zu stellen ...«

---

[4] Otto Hartmann hatte nach dem Krieg einige Zeit unbehelligt in Innsbruck gelebt, bis man ihm auf die Spur gekommen war. In dem Prozess wurde er zu lebenslanger Haft verurteilt. Nach seiner Amnestierung im Jahre 1959 soll er unter anderem Namen in Deutschland untergetaucht sein.

Ein Zeichen gesetzt

HANS UND SOPHIE SCHOLL

1918–1943   1921–1943

Robert Scholl war außer sich. Seine beiden Ältesten, Inge und Hans, 16 und 15 Jahre alt, hatten es sich in den Kopf gesetzt, in die Hitlerjugend einzutreten. Dabei warnte er doch seit Jahren, seit dieser Hitler und seine NSDAP in Deutschland herumzuspuken begonnen hatten, vor den Gefahren des Nationalsozialismus und predigte ihnen geradezu die Bedeutung der Demokratie und des Parlamentarismus. Und jetzt das!

Was hatte er bloß falsch gemacht bei der Erziehung seiner Kinder? Hatte er ihnen denn gar nichts von seiner liberalen Weltanschauung vermitteln können? Es tat ihm weh, mit anzusehen, wie sich die beiden von dem hysterischen Führerkult und der nationalen Begeisterung für eine Erneuerung Deutschlands anstecken ließen. Er musste sie einfach zur Vernunft bringen! Barsch verweigerte er ihnen daher die Erlaubnis, sich der Hitlerjugend anzuschließen. Aber die beiden Jugendlichen dachten gar nicht daran, sich mit diesem Verbot abzufinden. Sie waren in einem Alter, in dem die Auflehnung gegen die elterliche Autorität zur Entwicklung gehörte, und ließen einfach nicht locker. Beinahe jeden Tag kam es in diesem Frühjahr 1933 deshalb zu lautstarken Auseinandersetzungen in der Familie Scholl. Einmal wurde der Vater so zornig, dass er sich vergaß und seiner aufsässigen Tochter eine schallende Ohrfeige versetzte, was eigentlich in völligem Gegensatz zu seinen Erziehungsprinzipien stand. Weit hatten sie es gebracht! Und das alles wegen diesem Hitler!

* * *

Robert Scholl, Jahrgang 1891, war ein überzeugter Liberaler, dem die demokratischen Spielregeln, die die Weimarer Republik Deutschland beschert hatte, über alles gingen. Er hatte sich durch Begabung und Fleiß aus bescheidensten Verhältnissen zum höheren Beamten hochgearbeitet und es sich dabei zum Prinzip gemacht, politische und gesellschaftliche Entwicklungen stets kritisch zu hinterfragen und sich zu allem eine eigene Meinung zu bilden. Schon 1914 ließ er sich nicht von der allgemeinen Kriegsbegeisterung anstecken, sondern bekannte sich zum Pazifismus und zog den Dienst als Sanitätssoldat vor. Dabei lernte er seine spätere Frau Magdalene kennen, die als Krankenschwester in einem Lazarett arbeitete. 1916 wurde geheiratet, unmittelbar nachdem man Robert Scholl, der als Verwaltungsfachmann galt, das Amt des Bürgermeisters von Ingersheim angetragen hatte.

Magdalene Scholl war zehn Jahre älter als ihr Mann und zum Zeitpunkt ihrer Heirat bereits 35 Jahre alt, dennoch war ihre Ehe mit Kindern gesegnet. 1917 kam Inge zur Welt und im Jahr darauf Hans. Kurz danach übersiedelte die junge Familie nach Forchtenberg, wo Robert Scholl erneut die Funktion des Gemeindevaters übernahm. In Forchtenberg stellte sich weiterer Nachwuchs ein: 1920 wurde Elisabeth geboren, 1921 Sophie und 1922 Werner. (1925 brachte Magdalene Scholl ihre vierte Tochter zur Welt, Thilde, die jedoch noch im Säuglingsalter starb.)

Trotz des angesehenen Amtes, das der Vater bekleidete, führte die Familie in Forchtenberg ein bescheidenes und sparsames, aber sehr harmonisches Leben. Die Kinder erwiesen sich allesamt als begabt und überdurchschnittlich intelligent und brachten zur Freude ihrer Eltern fast nur gute Schulnoten nach Hause. Robert und Magdalene Scholl förderten die geistige Entwicklung ihres Nachwuchses, indem sie ihn zur Lektüre anhielten. Die Mutter, eine überaus fromme Frau, bemühte sich zudem ihren Kindern die protestantische Religion nahe zu bringen.

Robert Scholl war ein sehr engagierter Bürgermeister, der aber auf Grund seines ernsten, verschlossenen Wesens nicht nur Freunde hatte. Er tat sich schwer, den einfachen Landwirten der Gemeinde seine fortschrittlichen Ideen zu vermitteln. Diese wiederum konnten mit dem ungeselligen Intellektuellen nicht viel anfangen. Die Wirtschaftskrise und die steigende Arbeitslosigkeit in den zwanziger Jahren trugen schließlich das Ihre dazu bei, dass Robert Scholl im Dezember 1929 nicht mehr als Bürgermeister wieder gewählt wurde. Das war ein harter Schlag für die Familie, die in diesen schlechten Zeiten gezwungen war, anderswo neu anzufangen.

Zunächst verschlug es die Scholls nach Ludwigsburg, wo der Vater im nahen Stuttgart eine Anstellung als Syndicus bei der Maler- und Lackiererinnung gefunden hatte. Nebenbei besuchte Robert Scholl verschiedene Kurse, um sich zum Steuerberater ausbilden zu lassen, sodass ihn seine Familie damals nur selten sah.

Für die Kinder war der Umzug nicht ganz leicht zu verkraften. Sie gewöhnten sich nur langsam an die neue Umgebung, die neue Schulklasse und den neuen Freundeskreis. Außerdem bekamen auch sie die schlechten Zeiten und die damit verbundenen Einschränkungen zu spüren. Sie mussten zwar nicht gerade hungern, aber das Geld war knapp und es wurde an allen Ecken und Enden gespart. Kaum waren sie in Ludwigsburg ein wenig heimisch geworden, stand im Frühjahr 1932 die nächste Übersiedlung ins Haus. Diesmal nach Ulm, wo der Vater in ein Treuhandbüro einstieg, das er später allein übernehmen sollte. Die Arbeit als selbstständiger Steuerberater sagte Robert Scholl weit mehr zu als das Angestelltendasein. Der berufliche Neuanfang hatte ihn zwar eine Stange Geld gekostet, sodass sie jetzt Schulden hatten, aber so wie es aussah, ging es wieder aufwärts.

Sorgen bereitete ihm allerdings die politische Entwicklung in Deutschland. In den kleinen ländlichen Gemeinden, in denen sie bis jetzt gelebt hatten, war die allgemeine Krise nicht so sichtbar gewesen, jetzt, in Ulm aber, begegnete einem das Elend beinahe an jeder Ecke.

Die Arbeitslosigkeit im gesamten deutschen Reich hatte mittlerweile einen Höchststand von zeitweise über sechs Millionen erreicht, gleichzeitig sanken die Löhne, sodass selbst diejenigen, die noch Arbeit hatten, kaum noch über die Runden kamen. Bisher war in erster Linie die Arbeiterklasse betroffen gewesen, nun aber verloren auch zunehmend Menschen aus der Mittelschicht ihre Stellungen. Millionen lebten bereits am Existenzminimum. Ein arbeitsloser Vater mit Frau und Kind etwa musste mit einer Unterstützung von 51 Mark im Monat auskommen. Davon gingen rund 32,50 Mark für die Miete auf, sodass fürs Essen noch ganze 18,50 Mark blieben, was gerade einmal für die tägliche Milch und das tägliche Brot reichte.

Kein Wunder, dass das soziale Klima im Lande gespannt war. Wie in den meisten deutschen Städten herrschte auch in Ulm eine bedrückende Atmosphäre: Die Straßen waren voll von Arbeitslosen, die mit leerem Blick warteten, dass die Tage vergingen.

Einen eigenartigen Kontrast zu der stummen Trostlosigkeit des Ulmer Straßenbildes erzeugte der stramme Gleichschritt der SA-Trupps, die jetzt immer häufiger durch die Stadt paradierten und so der Bevölkerung Schutz und Sicherheit suggerierten.

Angst und mangelndes Vertrauen in die Regierungen der Weimarer Republik trieben immer mehr Menschen in die Arme der NSDAP, welche Arbeit, Wohlstand und innere Sicherheit versprach. Adolf Hitler erschien vielen Deutschen als Retter in der Not. Gerade in Ulm fand er besonders großen Zulauf.

Robert Scholl war einer der wenigen, der nicht auf die vollmundigen Parolen der Nationalsozialisten hereinfiel. Als alter Liberaler, der Demokratie und Parlamentarismus als die wichtigsten Errungenschaften eines Staates betrachtete, stand er der Nationalsozialistischen Deutschen Arbeiterpartei und deren unübersehbar autoritären Tendenzen kritisch gegenüber. Umso mehr war er betroffen, als Adolf Hitler am 30. Januar 1933 zum Reichskanzler ernannt wurde. Hitlers Eid auf die Verfassung klang wie Hohn in seinen Ohren. Er glaubte auch kein Wort aus dessen pathetischer Antrittsrede: »Wir wollen Gott, unserem Gewissen und unserem Vaterlande geloben, die uns übertragene Mission zu erfüllen ... Möge der allmächtige Gott unsere Arbeit in seine Gnade nehmen, unseren Willen recht gestalten, unsere Einsicht segnen und uns mit dem Vertrauen unseres Volkes beglücken.« Von wegen »die Verfassung und die Gesetze wahren«, »unparteiisch und gerecht gegen jedermann«! Und dann diese scheinheilige Anrufung Gottes! Nichts als leere Worte, die nur dazu dienten, die gläubigen Christen Deutschlands auf seine Seite zu ziehen.

Robert Scholls Befürchtungen bestätigten sich rascher, als er es vielleicht selbst erwartet hatte. Schon wenige Wochen nach Hitlers Angelobung war es mit der Demokratie in Deutschland zu Ende. Mittels Notverordnungen und Ermächtigungsgesetz ging das neue Regime auf brutalste Weise gegen Oppositionelle vor. Die ersten Konzentrationslager wurden aus dem Boden gestampft, wohin nun reihenweise Kommunisten, Sozialdemokraten und sonstige politisch Andersdenkende wanderten. Meist ohne jegliches Gerichtsverfahren.

Robert Scholl konnte es nicht fassen, wie widerstandslos sich die Mehrheit der deutschen Bevölkerung in Hitlers Diktatur ergab. Wie die Schafe fanden sie sich mit der Flut von Verboten und Verordnungen ab, die von nun an über sie hereinprasselten, um sie zu der gefügigen und kontrollierbaren Volksgemeinschaft zu machen, die sich der Führer wünschte. Gleichzeitig überschwemmte eine noch nie da gewesene Propaganda-Welle das Land, um die Menschen auf »Ein Volk, ein Reich, ein Führer« einzuschwören. Mit entsprechend aufbereiteten Radio- und Pressemeldungen wurde gehetzt und manipuliert, was das Zeug hielt. Wer nicht auf diese Propaganda hereinfiel, der wurde eben gezwungen mitzumachen. Gegner und Abweichler landeten über kurz oder lang im Gefängnis oder im KZ. Manche verschwanden dort für immer.

Für seine größenwahnsinnigen Ziele brauchte der Führer

Menschen, die ihm bedingungslos folgten, ohne viele Fragen zu stellen. Daher wurde vor allem auf die Jugendarbeit großer Wert gelegt. Die nächste Generation sollte von Anfang an zu blind ergebenen Gefolgsleuten des Führers erzogen werden. Mit Spiel, Sport und Spaß lockte man die Burschen und Mädchen in die »Hitlerjugend«. Die meisten waren von diesem Verein und den Idealen, die er suggerierte, begeistert. Wer wollte nicht dabei sein, wenn es darum ging, Deutschland wiederaufzubauen und mit vereinten Kräften zu neuer Größe zu führen? Die Gruppendynamik, die Kameradschaft, die flotten Uniformen, Ausflüge und verschiedene Unternehmungen, all das gefiel den Jugendlichen natürlich. Alle wollten sie stark und gesund und diszipliniert sein und dem Vaterland dienen. Auch die Eltern konnten im Grunde daran nichts Schlechtes finden. So strömten die jungen Menschen reihenweise zur »Hitlerjugend« und zum »Bund Deutscher Mädel« und die meisten merkten gar nicht, wie ihnen bei den Heimabenden und Veranstaltungen von ihren Führern nach und nach das NS-Gedankengut in kleinen Dosen eingeimpft wurde. Immer war so viel los, dass man gar nicht richtig zum Nachdenken kam. Wem wurde da schon bewusst, dass er mit dem ganzen Ertüchtigungsgetue in erster Linie von intellektuellen Beschäftigungen abgelenkt werden sollte? Stubenhocker und Bücherwürmer wurden als blutleer und unnütz verspottet. Selbstständiges Denken war nicht gefragt in der Hitlerjugend. Mitmachen und gehorchen hieß die Maxime.
Auch in den schulischen Unterricht griff die nationalsozialistische Führung ein. Die Lehrer wurden angewiesen über Themen wie »Volksgesundheit«, »Rassenhygiene«, »Auslese erblich Mindertüchtiger« usw. zu sprechen. Den Mädchen sollte zudem das neue Frauenbild und die Bedeutung der Mutterschaft eingetrichtert werden. Die deutsche Geschichte wurde ohne große Skrupel »adaptiert«, um der NS-Ideologie den Weg in die Gehirne der Schüler zu ebnen.
Die Kinder übernahmen zumeist unreflektiert, was ihnen

tagtäglich vorgekaut wurde, vom Führerkult bis hin zum Antisemitismus. »Die Juden sind an allem schuld« war ein Satz, der ihnen schon bald ganz leicht über die Lippen kam, obwohl sie ihn im Grunde nicht wirklich verstanden.

Bei den Scholl-Kindern war das nicht anders. Die ehrgeizigen Geschwister brannten geradezu darauf, sich in der »Hitlerjugend« zu profilieren. Sie wollten keinesfalls abseits stehen. Das Verbot des Vaters ließ sie fast verzweifeln. Immer wieder wies er auf die Gefahren des Nationalsozialismus hin, doch er konnte seine Kinder damit nicht überzeugen.

Frau Scholl litt unter den Spannungen, die diese Auseinandersetzungen mit sich brachten. Sie wollte diese fruchtlosen Diskussionen nicht mehr mit anhören, ergriff die Initiative und stellte sich auf die Seite der Kinder, indem sie ihrem Mann erklärte, dass die von der Hitlerjugend propagierten Ideale doch gar nicht so schlecht seien und sich im Grunde kaum von jenen der bisherigen Jugendbewegungen unterschieden. Darüber hinaus müssten die Kinder ihre eigenen Wege gehen. Er selbst habe das doch auch getan. Robert Scholl gab sich geschlagen. Schweren Herzens willigte er ein und im Mai 1933 durften Hans und Inge der Hitlerjugend beziehungsweise dem Bund Deutscher Mädel beitreten. Wenig später folgten ihnen auch die drei jüngeren Geschwister: Elisabeth, Sophie und Werner.

Die Scholl-Kinder stürzten sich mit überdurchschnittlichem Engagement in ihre neue Aufgabe. Auf Grund ihrer Intelligenz und ihres Ehrgeizes taten sie sich rasch hervor und übernahmen leitende Positionen innerhalb ihrer jeweiligen Gruppe. In der Stadt galten sie bald als besonders fanatische Anhänger des Nationalsozialismus.

Sie glaubten fest daran, mit ihrer Tätigkeit in der Hitlerjugend etwas zum Ruhme ihres Vaterlandes beizutragen. »Glaubt ihnen nicht, sie sind Wölfe und Bärentreiber und sie missbrauchen das deutsche Volk schrecklich!«, warnte der Vater, doch seine Worte zeigten keine Wirkung. Zu groß war die Begeisterung für den neuen Zeitgeist.

Robert Scholl hatte eingesehen, dass er seine Kinder gewähren lassen musste. Der Druck von außen, aus der Gesellschaft und der Gemeinschaft, war zu stark, als dass er allein hätte gegensteuern können. Ihm blieb nur die Hoffnung, dass sie durch Erfahrung selbst die Tücken des Nationalsozialismus erkennen würden. Und sie enttäuschten ihn nicht.

Tatsächlich gingen den Scholl-Kindern nach und nach die Augen auf. Der Erste, der am Nationalsozialismus zu zweifeln begann, war Hans. Dass ausgerechnet die Werke seines Lieblingsautors Stefan Zweig auf einmal »verfemte« Literatur sein sollten, hatte ihn schon 1933 irritiert, doch hatte er die Sache rasch wieder beiseite geschoben angesichts der vielen Unternehmungen und Verpflichtungen, die ihn in der Hitlerjugend erwarteten. Dann aber hieß es eines Tages plötzlich, dass die meisten der traditionellen Lagerfeuer-Lieder, die er bis jetzt mit seinen »Pimpfen« gesungen hatte, von nun an ebenfalls verboten seien, weil ihre Melodien und Texte einen »fremdvölkischen« Ursprung hätten. Wofür durfte sich ein deutscher Jugendlicher eigentlich noch interessieren, begann er sich damals zu fragen. Wohin man blickte, nichts wie Verbote!

Als ihm das bewusst geworden war, fing Hans Scholl an, sich innerlich vom Nationalsozialismus zu distanzieren. Den Wendepunkt brachte schließlich der Reichsparteitag im September 1935. Mit großen Erwartungen war er nach Nürnberg gefahren, stolz an vorderster Front die Ulmer Hitlerjugend vertreten zu dürfen. Doch angesichts des alles und jeden vereinnahmenden Massenauftriebs stellte sich rasch Ernüchterung ein. Auf einmal erkannte er die geistige Enge und das niedrige moralische Niveau des braunen Systems. Das war nicht die Welt, in der er gedeihen konnte, in der er leben wollte. Völlig verändert kehrte er nach Hause zurück. Im Frühjahr 1936 kam es schließlich zu einem Eklat, der ihn endgültig mit der Hitlerjugend brechen ließ. In mühevoller Arbeit hatte er mit den zehn- bis vierzehnjährigen Jungen seiner Gruppe eine Fahne genäht, auf der ein fantasievolles Fabeltier prangte. Es war eine ganz besondere Fahne und die Kinder waren jedes Mal mächtig stolz, wenn sie sie präsentieren durften. So auch bei jenem Appell kurz vor Ostern. Als plötzlich ein höher gestellter HJ-Führer auf den kleinen Fahnenträger von Hans' Gruppe zuging und ihn anherrschte: »Ihr braucht keine besondere Fahne, haltet euch an die vorgeschriebene.« Er verlangte, dass sie das Tuch unverzüglich abgaben. Hans, der die erschrockenen Gesichter seiner Jungs sah, verlor angesichts dieser Grobheit die Nerven und versetzte dem Vorgesetzten eine schallende Ohrfeige. Damit war seine Karriere in der Hitlerjugend zu Ende. Er wurde degradiert und durfte keine Gruppe mehr leiten. Dabei hatte er noch Glück, dass er nicht aus der HJ ausgeschlossen wurde, denn sonst wäre sein Abitur gefährdet gewesen, welches im Frühjahr 1937 vor der Tür stand. Die Mitgliedschaft in der Hitlerjugend war nämlich für alle verpflichtend, die einen höheren Schulabschluss anstrebten.

Mittlerweile war Hans durch einen Freund zur Deutschen Jungenschaft »dj. 1.11.« gekommen, einer jener zahlreichen bündischen Jugendorganisationen, wie es sie vor der Machtübernahme Hitlers überall in Deutschland gegeben hatte.[5] 1933 waren die Bünde allesamt in die Hitlerjugend eingegliedert worden, wo sie seither ihr Eigenleben weiterführten. In den Grundsätzen wie Kameradschaft, Naturverbundenheit oder Patriotismus unterschieden sie sich auch kaum von den Zielen der Hitlerjugend. Was manche Bünde wie die »dj. 1.11.« jedoch ausmachte, war ein eher elitärer Charakter. Bei ihnen wurden Freiheit und Individualität hochgehalten und ihre Mitglieder bemühten sich, ganz in der heldischen Tradition, durch Disziplin und Anstrengung

---

[5] »dj. 1.11.« stand für Deutsche Jungenschaft, welche am 1. 11. 1929 gegründet worden war. Die Kleinschreibung sollte auf das Neue, Junge der Gruppe hinweisen.

stets besser zu sein als andere. Sie strebten nach Höherem, um einmal Großes für die Gesellschaft zu leisten.

Ein solches Elitedenken aber lief der Gleichmacherei in der Hitlerjugend völlig zuwider, weshalb die Bünde im November 1935 kurzerhand verboten wurden. Man warf ihnen staatsfeindliche Agitation vor und verbreitete darüber hinaus das Gerücht, sie würden ihre Mitglieder zu gleichgeschlechtlichen Handlungen verführen. Und Homosexualität war im Dritten Reich bekanntlich strafbar.

Hans und seine Freunde ließen sich durch das Verbot jedoch nicht davon abhalten, sich auch weiterhin zu treffen. Heimlich las man »verfemte« Literatur und beschäftigte sich mit der so genannten »entarteten« Kunst. Nicht zuletzt auf Grund dieser intellektuellen Anregungen fühlte sich der junge Scholl in der »dj. 1.11.« wohl.

Die Zweifel des Bruders an der Hitlerjugend und am Nationalsozialismus brachten auch die übrigen Scholl-Kinder ins Wanken. Sophie etwa fragte sich, weshalb ihre Schulkameradin, Luise Nathan, nicht zum BDM durfte, obwohl sie doch blond und blauäugig war, also dem Ideal des Erscheinungsbildes eines deutschen Mädchens entsprach; ganz im Gegensatz zu ihr, Sophie, die dunkle Haare und dunkle Augen hatte.

Plötzlich verstanden die Scholl-Kinder, was ihnen der Vater die ganze Zeit zu erklären versucht hatte. Und sie begannen jetzt auch Fragen zu stellen, über Konzentrationslager etwa oder was mit den Juden geschah. Der Vater atmete auf und er erzählte ihnen, was er wusste und auch was er befürchtete. Er führte ihnen den Terror der Nazis vor Augen, der sich nicht nur gegen Juden oder Bolschewisten richtete, sondern die Freiheiten jedes einzelnen Bürgers in Deutschland bedrohte. »Das ist Krieg. Krieg mitten im tiefsten Frieden und im eigenen Volk. Krieg gegen den wehrlosen einzelnen Menschen, Krieg gegen das Glück und die Freiheit seiner Kinder. Es ist ein furchtbares Verbrechen«, sagte er.

Robert Scholl war froh, dass seine Kinder nun durchschauten, was in Deutschland vor sich ging. In ihre Familie zog wieder Frieden und Harmonie ein. Robert Scholl konnte nicht ahnen, wie sehr sie diesen Zusammenhalt noch brauchen würden.

Es war im Herbst 1937, als die Scholls den Nazi-Terror am eigenen Leib erfuhren. An einem grauen Novembermorgen läutete es an ihrer Tür. Draußen standen zwei Männer in Ledermänteln: Gestapo.

Die Reichsjugendführung hatte beschlossen, in einer landesweiten Aktion die illegalen Reste der bündischen Jugend auf einen Schlag auszuheben und ein für alle Mal aufzulösen.

Bei den Nachforschungen war man ziemlich rasch auf die Scholls gestoßen. Unter Missachtung jedweder Privatsphäre suchten die Beamten jetzt nach belastendem Material, stöberten in Laden und Schränken und lasen sogar die Tagebücher der Mädchen. Schließlich nahmen sie sämtliche verfügbaren Scholl-Kinder mit, das waren Inge, Sophie und Werner. Elisabeth war noch rechtzeitig aus dem Haus geschlüpft und Hans, der zu Ostern 1937 sein Abitur gemacht hatte, befand sich zu diesem Zeitpunkt gerade beim Militärdienst. Er wurde erst Anfang Dezember verhaftet, als seine Geschwister bereits wieder auf freiem Fuß waren. Hilflos mussten die Eltern zusehen, wie ihre Kinder bei eisiger Kälte auf einem offenen LKW abtransportiert wurden. Robert Scholl regte sich derart auf, dass er ausrief: »Wenn die meinen Kindern etwas antun, gehe ich nach Berlin und knalle ihn nieder.«

Zum Glück endete die ganze Sache glimpflich. Sophie wurde noch am selben Tag wieder heimgeschickt, während Inge und Werner eine ganze Woche lang in Untersuchungshaft blieben, bevor man auch sie laufen ließ. Hans, gegen den die Behörden am meisten in der Hand hatten, traf es schlimmer: Er saß bis Januar 1938 im Gefängnis. Gemeinsam mit 14 anderen Burschen, darunter auch sein Bruder

Werner, sollte er sich danach wegen »bündischer Umtriebe« vor Gericht verantworten. Dank der Generalamnestie, welche zur Feier des erfolgreichen Anschlusses Österreichs im März 1938 erlassen worden war, wurde das Verfahren jedoch eingestellt.

Die Scholl-Kinder hatten einen ersten Vorgeschmack erhalten, wie dieser Staat mit Abweichlern umging, selbst wenn es sich dabei um seine eigenen Bürger handelte. Spätestens seit damals empfanden sie nur noch Abscheu für das NS-Regime und seine Institutionen und sie wollten damit nichts mehr zu tun haben. Inge, Elisabeth und Hans hatten ihre Tätigkeit in der Hitlerjugend ohnedies bereits hinter sich. Inge arbeitete schon seit ein paar Jahren im Büro ihres Vaters, Elisabeth besuchte ein Kindergärtnerinnen-Seminar und ihr Bruder bereitete sich auf sein Medizinstudium vor. Nur Sophie und Werner mussten noch in der Hitlerjugend aushalten, denn die Mitgliedschaft war dort Pflicht für jeden, der zum Abitur zugelassen werden wollte.

Immer klarer wurde ihnen jetzt, wie Recht der Vater mit allem hatte, was er seit Jahren predigte. In der so genannten »Reichskristallnacht« vom 9. November 1938 ließ Hitlers Unrechtsregime endgültig die Maske fallen und zeigte seine hässliche Fratze. Entsetzt sahen die Scholls mit an, wie die Ulmer Bevölkerung ihre jüdischen Mitbürger verfolgte und misshandelte. Für sie war es dagegen eine Selbstverständlichkeit, Hilfesuchenden die Tür zu öffnen. Robert Scholl lief auch zu dem ehemaligen jüdischen Besitzer des Hauses, in dem sie wohnten und das jetzt einem Arier gehörte, um nachzusehen, ob ihm etwas passiert war. Als er an dessen Tür klopfte, antwortete er auf die Frage, wer da sei: »Ein Mensch!«

Mit seinem mutigen, aufrechten Verhalten wurde Robert Scholl zum Vorbild für seine Kinder, die fortan nicht mehr mit ihrer ablehnenden Haltung gegen das NS-Regime hinter dem Berg hielten. Sophie etwa scheute sich nicht, einer BDM-Führerin Heinrich Heine als Lektüre für den Heimabend vorzuschlagen, obwohl sie genau wusste, dass dieser Dichter verboten war, und sie fügte auch noch hinzu, wer Heine nicht kenne, der habe keine Ahnung von deutscher Literatur. Werner wiederum äußerte seinen Protest in kleinen, mutigen Sabotageakten. Kurz nach Kriegsausbruch deponierte er am Heldengedenktag eine Knallkapsel auf dem Rednerpult vor dem Münster, die mitten in die feierliche Stimmung hinein explodierte. Ein andermal verband er der Statue der Justitia vor dem Gerichtsgebäude die Augen mit einer Hakenkreuzbinde.

Inzwischen herrschte seit einem dreiviertel Jahr Krieg, wie es der Vater immer vorausgesagt hatte. Hans, der seit dem Frühjahr 1939 in München Medizin studierte, wurde im Sommer 1940 eingezogen und mit seiner Studentenkompanie nach Frankreich geschickt, wo er zunächst als Meldefahrer und danach in einem Feldlazarett Dienst tat.

Seine kleine Schwester Sophie hatte soeben ihre Reifeprüfung abgelegt und gleich danach eine einjährige Ausbildung zur Kindergärtnerin begonnen. Ihre Hoffnung, damit dem Reichsarbeitsdienst zu entgehen, erfüllte sich allerdings nicht. Im April 1941 musste sie mit 80 anderen »Arbeitsmaiden« in Schloss Krauchenwies einrücken. Von dort aus wurden sie nach einer zweimonatigen Einschulungszeit zu ihren Dienststellen auf den Bauernhöfen der Umgebung geschickt. Nach acht Stunden Arbeit ging es wieder zurück in das Lager, das mit militärischer Strenge geführt wurde. Die Unterbringung war zudem mehr als spartanisch. Sophie fror ständig, vor allem aber litt sie unter der körperlichen und geistigen Enge. Sie fühlte sich hier wie eine Gefangene und das oberflächliche Geplapper ihrer Kameradinnen ging ihr schrecklich auf die Nerven. Der Herdentrieb und der hysterische Führerglaube der anderen ekelten sie an.

Aus dem einstigen strammen BDM-Mädel war eine sensible, nachdenkliche junge Frau mit hohem moralischen Anspruch geworden. Nur schwer ertrug sie den Gedanken, dass sie mit ihrer Tätigkeit hier einem verhassten Regime diente. Ihre Situation führte ihr die eigene und die Ohnmacht des Einzelnen im Dritten Reich deutlicher denn je vor Augen.

Um nicht völlig zu verzweifeln, kapselte sie sich weitgehend von den anderen ab und zog sich auf sich selbst zurück. Eine starke Sehnsucht nach Gott überkam sie und es war schließlich die Lektüre der Schriften des Augustinus, die ihr damals Kraft gab. Nur mit äußerster Selbstdisziplin stand Sophie Scholl die Zeit beim RAD durch. Doch kaum war der Reichsarbeitsdienst abgeleistet, wurde sie zu einem weiteren halben Jahr Kriegsdienst verpflichtet, den sie in einem Kindergarten in Blumberg nahe der Schweizer Grenze zu versehen hatte.

Sophie war jedes Mal froh, wenn sie zwischendurch für ein paar Tage nach Hause fahren konnte. Die Familie war für die Scholls mittlerweile der einzige Ort, an dem sie offen über ihre Gedanken und Gefühle sprechen konnten.

Längst waren sie sich darüber einig, dass Deutschland diesen Krieg verlieren musste, wenn es dieses Unrechtsregime loswerden wollte. Daher weigerten sie sich auch konsequent, etwas für die Weihnachtssammlung zu Gunsten der in Russland frierenden Soldaten zu spenden.

Eine solche Haltung, wie die Scholls sie an den Tag legten, war im Dritten Reich nicht ungefährlich. Man musste mit seiner Kritik äußerst vorsichtig sein, denn das Spitzelwesen hatte Hochkonjunktur. Einmal aber konnte Robert Scholl angesichts der Nachrichten von der russischen Front einfach nicht an sich halten. Es war in seinem Büro, als er Hitler als »die größte Gottesgeißel« bezeichnete und meinte: »Wenn er nicht bald Schluss mit dem Krieg macht, werden in zwei Jahren die Russen in Berlin stehen.« Seine Angestellte war über die staatsfeindlichen Aussprüche ihres Arbeitgebers so entsetzt, dass sie ihn bei der Kreisleitung anzeigte. Im Februar 1942 wurde Robert Scholl verhaftet und später zu vier Monaten Gefängnis verurteilt sowie mit Berufsverbot belegt. Mit ihrer unverhohlenen Regimefeindlichkeit gerieten die Scholls immer mehr in die Isolation. Die Nachbarn gingen ihnen aus dem Weg und es gab nur noch wenige Leute in Ulm, die sie zu ihren Freunden zählen durften.

Ganz anders in München, wo Sophie Scholl im Mai 1942 endlich ihr Biologie- und Philosophie-Studium beginnen durfte. Ihr Bruder Hans erwartete sie bereits und führte sie sogleich in seinen Bekanntenkreis ein. Hans Scholl hatte in den vergangenen drei Jahren eine ganze Reihe gleich gesinnter Freunde gewonnen, denn die Ablehnung des NS-Regimes unter den Münchener Studenten war größer, als es vielleicht den Anschein hatte. Zwei seiner Kommilitonen standen Hans besonders nahe: Alexander Schmorell und Christoph Probst. Alex Schmorell, Jahrgang 1917, stammte aus einem reichen Haus und studierte ebenfalls Medizin. Er war durch seine früh verstorbene Mutter Halbrusse, weshalb er eine tiefe Liebe zu Russland und für alles Russische hegte. Darüber hinaus besaß er ein ausgeprägtes Freiheitsgefühl – ein Grund mehr, die Nazis zu hassen.

Durch Alexander Schmorell hatte Hans den um ein Jahr jüngeren Christoph Probst kennen gelernt. Christophs Stiefmutter war Halbjüdin, sodass er schon sehr früh erfuhr, welche Bedrohung der Nationalsozialismus darstellte. Obwohl erst 23 Jahre alt, war er bereits verheiratet und Vater von zwei Kindern. Christl, wie sie ihn nannten, hatte strenge moralische Grundsätze und war besonders über die Berichte von der Tötung geistig behinderter Menschen zutiefst schockiert.

Je mehr sich die Gerüchte über Konzentrationslager, Euthanasie, Judenvernichtung, aber auch über Kriegsgräuel verdichteten, umso mehr begannen die jungen Leute die Handlungen der deutschen Regierung zu hinterfragen. Bei ihren Diskussionsrunden im kleinen Kreis ging es nun nicht mehr ausschließlich um Kunst und Literatur, sondern immer häufiger um Politik.

In dem Verleger Carl Muth hatte Hans Scholl so etwas wie

einen Mentor gefunden. Muth war Herausgeber der katholischen Literaturzeitschrift »Hochland« gewesen, bis diese 1933 von den Nazis verboten wurde. Der 74-Jährige setzte seine Hoffnungen für die Zukunft Deutschlands in junge Menschen wie Hans und seine Freunde und er brachte sie mit wichtigen Leuten zusammen. Etwa mit seinem früheren Mitarbeiter, dem Journalisten Theodor Haecker, der wegen seiner NS-kritischen Schriften mit Schreibverbot belegt worden war, oder mit dem Architekten Manfred Eickemeyer.

Die Begegnung mit Letzterem sollte für die Geschwister Scholl und ihre Freunde von entscheidender Bedeutung werden. Eickemeyer hatte aus beruflichen Gründen viel in Polen zu tun und er erzählte ihnen, was er dort gesehen hatte, erzählte von den Gräueltaten der Deutschen an der polnischen Bevölkerung und an den Juden, von den furchtbaren Torturen, die die Insassen der Konzentrationslager zu erleiden hatten, und von den unhaltbaren Zuständen in den Gettos. Es war das erste Mal, dass die Jugendlichen einen Augenzeugenbericht vernahmen. Sie waren schockiert und tief betroffen. Eickemeyers Erzählungen ließen sie nicht mehr los und Hans fing an sich Vorwürfe zu machen, weil er einst ein so begeisterter Hitlerjunge gewesen war. Seiner Schwester erging es ähnlich.

Innerlich noch ganz aufgewühlt von dem, was sie wenige Tage zuvor durch Eickemeyer erfahren hatten, fanden sich Hans und Sophie gemeinsam mit Alex und Christl am 3. Juni 1942 im Hause von Frau Dr. Mertens ein, einer Pianistin, die gerne Abendeinladungen gab, bei denen über Literatur und Kunst diskutiert wurde. An diesem Abend aber sollten die Gespräche eine unvorhergesehene Wendung erfahren.

Unter den Gästen befand sich auch Professor Kurt Huber, dessen philosophische Vorlesungen unter den Münchener Studenten als »Geheimtipp« galten. Und das nicht nur wegen Hubers mitreißendem Vortrag, sondern vor allem wegen der Themen, die er anschnitt und die keine Rücksicht auf die herrschende Ideologie nahmen. Huber verstand es mit »subversiver Kunstfertigkeit«, den Nationalsozialismus bloßzustellen. Wenn er einen verbotenen Autor zitierte, fügte er etwa ironisch hinzu: »Er ist Jude, Vorsicht, dass man sich nicht vergiftet!« Der Professor und Hans Scholl waren einander auf Anhieb sympathisch. Sie spürten sofort die Verbundenheit in ihrer politischen Einstellung.

Im Verlauf des Abends entspann sich eine Diskussion über die politische Lage, den Krieg und die Zerstörungen, die die alliierten Angriffe in Deutschland anrichteten. Und auf einmal stand das Wort Widerstand im Raum. Die Atmosphäre war gespannt, die Stimmen wurden immer erregter. Und plötzlich entfuhr es Professor Huber: »Man muss etwas tun, und zwar noch heute.« Jetzt mischte sich auch Hans Scholl ein und meinte ebenfalls, dass »eine Tat nötig sei; man könne sie jetzt nicht mehr zurückhalten«.

Jetzt war es endlich ausgesprochen. Sie mussten etwas tun. Es genügte nicht mehr sich innerlich vom Nationalsozialismus zu distanzieren, die Taten der Regierung abzulehnen. Dies schien nun zu wenig. Hans vertraute sich Alex an, der ihm sofort zustimmte. Man musste aktiv werden, wenn man sich nicht schuldig machen wollte. Es fragte sich nur wie.

Die beiden Freunde waren sich rasch einig, dass man mit Flugblättern wohl am gefahrlosesten Aufklärung betreiben konnte. Da Alex über genügend Geld verfügte, sollte die Anschaffung eines Vervielfältigungsapparates kein großes Problem sein. Blieb noch der Text.

Mehrere Tage und Nächte tüftelten die beiden an der Formulierung ihres ersten Aufrufs. Schließlich entstanden in rascher Folge vier dicht bedruckte Flugblätter, die in einer doch recht elitären Sprache gehalten und mit vielen klassischen Zitaten gespickt waren, sich also eher an den gebildeten Teil der Bevölkerung wandten. Als Überschrift hatten sie sich auf »Flugblätter der Weißen Rose« geeinigt. Möglicherweise hatten die literaturbegeisterten Studenten dabei an Brentanos »Romanzen vom Rosenkranz« gedacht, in denen von einem Mädchen namens Rosablanka die Rede war.

Gleich das erste Flugblatt rief zum Widerstand gegen das verbrecherische NS-Regime auf:
»Nichts ist eines Kulturvolkes unwürdiger, als sich ohne Widerstand von einer verantwortungslosen und dunklen Trieben ergebenen Herrscherclique ›regieren‹ zu lassen. Ist es nicht so, dass sich jeder ehrliche Deutsche heute seiner Regierung schämt, und wer von uns ahnt das Ausmaß der Schmach, die über uns und unsere Kinder kommen wird, wenn einst der Schleier von unseren Augen gefallen ist und die grauenvollsten und jegliches Maß unendlich überschreitenden Verbrechen ans Tageslicht treten? ... Leistet passiven Widerstand – W i d e r s t a n d – wo immer ihr auch seid, verhindert das Weiterlaufen dieser atheistischen Kriegsmaschine, ehe es zu spät ist, ehe die letzten Städte ein Trümmerhaufen sind, gleich Köln, ...«
Flugblatt Nr. 2 ging mit der Gleichgültigkeit des deutschen Volkes angesichts der Ermordung von mehr als 300.000 polnischen Juden ins Gericht und wies auf die Mitschuld jedes Einzelnen hin:
»... Hier sehen wir das fürchterlichste Verbrechen an der Würde des Menschen, ein Verbrechen, dem sich kein ähnliches in der ganzen Menschengeschichte an die Seite stellen kann ... Die Tatsache wird als solche hingenommen und ad acta gelegt. Und wieder schläft das deutsche Volk in seinem stumpfen, blöden Schlaf weiter und gibt diesen faschistischen Verbrechern Mut und Gelegenheit, weiterzuwüten – und diese tun es. ... Ein jeder will sich von einer solchen Mitschuld freisprechen, ein jeder tut es ... Aber er kann sich nicht freisprechen, ein jeder ist s c h u l d i g, s c h u l d i g, s c h u l d i g! ...«
Der dritte Aufruf forderte erneut zum Widerstand und zur Sabotage auf, um der »Diktatur des Bösen«, dem nationalsozialistischen »Unstaat« möglichst bald ein Ende zu bereiten.
Die vierte Flugschrift ging schließlich auf das unendliche Leid ein, das der Krieg tagtäglich verursachte, und warnte

noch einmal eindringlich: »Jedes Wort, das aus Hitlers Munde kommt, ist Lüge ...«

Nachdem sie zur Beruhigung der Leser noch hinzugefügt hatten, dass die Adressen nirgendwo schriftlich niedergelegt seien, schlossen sie ihren Aufruf mit den Worten: »Wir schweigen nicht, wir sind euer böses Gewissen, die Weiße Rose lässt euch keine Ruhe!«

Die Vervielfältigung der Schriften mittels Wachsmatrize war äußerst aufwändig und sehr mühsam. Schließlich aber hatten Hans und Alex von jedem Flugblatt etwa 100 Abzüge angefertigt, die sie nun an Freunde und Bekannte, aber auch an willkürlich ausgewählte Adressen versandten. In der Zeit vom 27. Juni bis zum 12. Juli 1942 gelangten die Texte in Umlauf. Leider kein besonders günstiger Zeitpunkt, da Deutschland gerade in jenen Tagen über die letzten Siege der Wehrmacht in Nordafrika und zur See triumphierte.

Als Sophie an der Universität eines der Flugblätter in die Hände bekam, wusste sie ziemlich rasch, wer der Verfasser war. Sie sprach ihren Bruder darauf an, der zunächst ausweichend antwortete, weil er seine Schwester nicht in Gefahr bringen wollte. Doch Sophie gab nicht auf. Beim nächsten Mal wollte sie unbedingt mitmachen, denn auch sie hatte schon lange das Bedürfnis, etwas zu tun. Ähnlich erging es auch Willi Graf, der in diesen Sommertagen des Jahres 1942 zum innersten Kern der »Weißen Rose« stieß, auch er ein Medizinstudent und vor kurzem erst von der Ostfront nach München zurückgekehrt. Willi war gläubiger Katholik und von Anfang an ein Gegner des Nationalsozialismus. 1933 hatte er die Namen all jener seiner Freunde aus seinem Adressbuch gestrichen, die zur Hitlerjugend gegangen waren.

Doch vorerst wurde nichts aus einer Fortsetzung der Widerstandtätigkeit der »Weißen Rose«, da Hans, Alexander und Willi am 23. Juli 1942 zur »Frontfamulatur« und Verwundeten-Erstversorgung nach Russland abkommandiert wurden. Die Erfahrungen, die sie an der Ostfront und auf dem Weg dorthin machten, bestärkten sie nur noch in ihrem Kampf gegen den Nationalsozialismus. Sie sahen das Elend des Warschauer Gettos, sahen, wie brutal deutsche Offiziere mit jüdischen Menschen, aber auch mit der nichtjüdischen Bevölkerung in den eroberten Gebieten umgingen.

Die Kriegserlebnisse prägten sich fest in ihr Gedächtnis ein. »Neulich haben Alex und ich einen Russen begraben«, schrieb Hans im August in sein Tagebuch. »Er muss schon lange draußen gelegen haben. Der Kopf war vom Rumpf getrennt und die Weichteile schon verwest. Aus den halb verfaulten Kleidern krochen Würmer. Wir hatten das Grab schon fast zugeschüttet mit Erde, da fanden wir noch einen Arm. Zum Schluss haben wir ein russisches Kreuz gezimmert und am Kopfende in die Erde gesteckt. Jetzt hat seine Seele Ruhe ...« Inmitten des Grauens bemühten sich die drei Studenten um so etwas wie Menschlichkeit. Mit Alexander Schmorell als Dolmetscher suchten sie den Kontakt zur russischen Bevölkerung, schenkten Gefangenen ihre Zigaretten und traten dazwischen, wenn es zu Misshandlungen durch deutsche Soldaten kam. Einmal, bei einem Halt an einer polnischen Bahnstation sah Hans ein jüdisches Mädchen, das sich gerade mit schweren Gleisarbeiten abmühte. Spontan holte er seine »eiserne Ration«, bestehend aus Nüssen, Rosinen und Schokolade, hervor und schenkte sie ihr mitsamt einer rasch am Straßenrand gepflückten Blume.

Was für die männlichen Studenten der Frontdienst war, war für die Studentinnen die Arbeit in einem Rüstungsbetrieb. Auch Sophie musste in den Semesterferien in einer Schraubenfabrik in der Nähe von Ulm am Fließband stehen. Sie hasste diese Tätigkeit, nicht nur weil sie eintönig und stupide war, sondern vor allem weil sie damit diesem schrecklichen Krieg und den Nazis diente. Auch deprimierte es sie, mit anzusehen, wie die deutschen Vorarbeiter mit den russischen Zwangsarbeiterinnen umgingen. Sophie erinnerte sich an die Flugblätter der »Weißen Rose« und tat, was sie konnte, um die Produktion zu sabotieren, indem sie möglichst langsam und schlampig arbeitete. »Man muss etwas machen, um selbst keine Schuld zu haben« war ihre Devise.

Anfang November 1942 kehrten Hans und seine Kommilitonen wohlbehalten nach München zurück, um ihr Studium wieder aufzunehmen. Und ihre Widerstandstätigkeit. Man hatte beschlossen, die Aktivitäten der Gruppe zu verstärken und Kontakte mit Widerstandsgruppen in anderen deutschen Städten aufzunehmen. Gleichzeitig wollte man versuchen, mehr Mitglieder für die »Weiße Rose« zu gewinnen. »Es muss ein sichtbares Zeichen des Widerstandes von Christen gesetzt werden. Sollen wir am Ende dieses Krieges mit leeren Händen vor der Frage stehen: Was habt ihr getan?«, sagte Hans damals zu seiner Schwester Inge, die von der Widerstandstätigkeit ihrer Geschwister allerdings keine Ahnung hatte.

Welche Unkultur auf dem braunen Morast gedieh, wurde einmal mehr anlässlich der 470-Jahr-Feiern der Universität München am 13. Januar 1943 deutlich. In seiner Festrede erinnerte Gauleiter Giesler die Studenten daran, dass sie auf Kosten der deutschen Steuerzahler studierten und beschützt von deutschen Soldaten, die an der Front ihr Leben riskierten. Das war ein Affront, wo doch die männlichen Studenten fast alle Uniform trugen und viele von ihnen bereits zu Krüppeln geschossen waren. Aber der Mann hatte noch andere Giftpfeile in seinem Köcher. Denn jetzt griff er auch die Studentinnen auf geschmackloseste Weise an. Anstatt zu studieren sollten sie lieber ihrer Pflicht nachkommen und Kinder in die Welt setzen, erklärte er. Und wenn einige von ihnen nicht hübsch genug wären, um einen Freund zu finden, würde er gerne jeder einen seiner Adjutanten zuweisen ... Die Studenten waren empört. Einige standen auf, um den Saal zu verlassen, aber SS-Leute drängten sie wieder zurück. Doch kaum war die Rede zu Ende, machten die Jugendlichen ihrem Unmut erneut Luft. Bis auf die Straße setzten sich die Proteste fort. Die Polizei rückte an, um eine

Demonstration zu verhindern. Es war das erste Mal, dass die Studentenschaft den Aufstand gegen das Regime probte. Die Geschwister Scholl und ihre Freunde, die trotz angedrohter Sanktionen nicht zu der Feier erschienen waren, gerieten in Hochstimmung, als sie von den Geschehnissen an der Universität erfuhren. Ihr nächstes Flugblatt würde genau in diese aufgeheizte Atmosphäre hineinflattern!

Gleich nach Neujahr waren Hans Scholl und Alexander Schmorell darangegangen, ihren fünften Aufruf zu verfassen. Diesmal wählten sie als Überschrift »Flugblätter der Widerstandsbewegung in Deutschland«, um den Eindruck zu erwecken, es handle sich dabei um einen landesweiten Zusammenschluss von Regimegegnern. Mittlerweile hatten sie Professor Huber in ihre Aktivitäten eingeweiht. Ihm legten sie jetzt die Entwürfe zur Korrektur vor. Huber straffte den Text, der sich jetzt »An alle Deutsche!« wandte. »Der Krieg geht seinem sicheren Ende entgegen«, hieß es darin, »... Hitler kann den Krieg nicht gewinnen, nur noch verlängern! Seine und seiner Helfer Schuld hat jedes Maß unendlich überschritten. Die gerechte Strafe rückt näher und näher! Was aber tut das deutsche Volk? Es sieht nicht und es hört nicht. Blindlings folgt es seinen Verführern ins Verderben ... Deutsche! ... Sollen wir auf ewig das von aller Welt gehasste und ausgestoßene Volk sein? Nein! Darum trennt euch von dem nationalsozialistischen Untermenschentum! ... Der bessere Teil des Volkes kämpft auf unserer Seite ... Entscheidet Euch, eh es zu spät ist! ... Unterstützt die Widerstandsbewegung, verbreitet die Flugblätter!«

Diesmal umfasste die Auflage gleich mehrere tausend Stück. Sie hatten den Vervielfältigungsapparat in den Keller von Eickemeyers Atelier geschafft. Da sich der Architekt gerade auf Reisen befand, konnten sie dort ungestört arbeiten. Papier und Briefmarken hatten sie aus Sicherheitsgründen in verschiedenen Papierhandlungen und Postämtern der Stadt besorgt.

Ein ganzes Wochenende arbeiteten Hans, Alex, Willi und

Sophie unermüdlich an der Vervielfältigung und Kuvertierung der Flugblätter. Nur Christoph Probst hielten sie jetzt aus ihren Aktivitäten heraus, weil dieser Familie hatte und demnächst sein drittes Kind erwartete. Außerdem stand er kurz vor seiner Versetzung nach Innsbruck.

Ende Januar 1943 gingen sie an die Verteilung der Schriften. Einige versandten sie wiederum an Münchener Adressen, einige gab Sophie in Augsburg auf und einen Teil übergab sie einem Freund in Ulm, der für die Verteilung in Stuttgart sorgte. Willi Graf übernahm die Verbreitung im Rheinland und Alexander Schmorell reiste mit einem Koffer voller Flugblätter nach Salzburg, Linz und Wien. Von Wien aus sandte er einige Exemplare an Freunde nach Frankfurt und Berlin, die sie dort in Umlauf brachten.

Das Auftauchen der über 6000 Flugblätter Ende Januar 1943 sorgte für Aufregung im ganzen Land, eine Aufregung, die nur noch von den Schreckensnachrichten aus Russland überboten wurde. Denn am 3. Februar 1943 verkündete eine Rundfunk-Sondermeldung: »Der Kampf um Stalingrad ist zu Ende. Ihrem Fahneneid bis zum letzten Atemzug treu, ist die 6. Armee unter der vorbildlichen Führung des Generalfeldmarschalls Paulus der Übermacht des Feindes und der Ungunst der Verhältnisse erlegen ...«

Hans Scholl und seine Freunde atmeten auf. Jetzt würde der Krieg bald zu Ende sein! Der Moment schien ihnen günstig, um den erschütterten Menschen die Augen zu öffnen und sie zum Widerstand zu mobilisieren. Noch in derselben Nacht beschmierten sie in München etwa siebzig Hauswände mit der Parole »Nieder mit Hitler«. Und Professor Huber eröffnete am nächsten Morgen seine Vorlesung mit den Worten: »Wir gedenken heute der Opfer von Stalingrad. Die Zeit der Phrasen ist vorbei.« Wenige Tage später war sein Entwurf für ein sechstes und letztes Flugblatt fertig. Es richtete sich in erster Linie an die Studentenschaft und damit an die deutsche Jugend:

»Kommilitoninnen! Kommilitonen!

Erschüttert steht unser Volk vor dem Untergang der Männer von Stalingrad. Dreihundertdreißigtausend deutsche Männer hat die geniale Strategie des Weltkriegsgefreiten sinn- und verantwortungslos in Tod und Verderben gehetzt. Führer, wir danken dir!

Der Tag der Abrechung ist gekommen ... Im Namen der ganzen deutschen Jugend fordern wir von dem Staat Adolf Hitlers die persönliche Freiheit, das kostbarste Gut des Deutschen, zurück, um das er uns in der erbärmlichsten Weise betrogen hat ...«

Sogleich gingen Hans Scholl, seine Schwester Sophie und Alexander Schmorell daran, den Text zu kopieren. Am Wochenende des 13./14. Februar 1943 arbeiteten sie im Keller von Eickemeyers Atelier bis zur Erschöpfung, bis sie etwa 3000 Exemplare hergestellt und adressiert hatten, die sie dann auf die gewohnte Art und Weise in Umlauf brachten.

Ein Stapel war noch übrig. Ihn nahmen Hans und Sophie mit nach Hause, um ihn an den nächsten Tagen direkt an der Universität zu verteilen.

Donnerstag, 18. Februar 1943. Mit einem Koffer verlassen die Geschwister Scholl ihre Wohnung und begeben sich zur Universität. Es ist kurz vor 11 Uhr. Die 10.15-Uhr-Vorlesungen sind noch nicht zu Ende. Auf den Gängen herrscht kaum Betrieb. Sie brauchen also nur kurz zu warten, bis niemand zu sehen ist. Rasch holen sie die Flugblätter aus ihrem Koffer und legen sie auf Treppenstufen und Fenstersimse. Und dann nichts wie weg.

Doch kaum sind sie auf der Straße, bemerken sie, dass noch einige Exemplare im Koffer geblieben sind. Auch die wollen sie jetzt noch los werden. Also laufen sie noch einmal zurück und lassen die restlichen Flugblätter einfach von der Galerie in den Lichthof wirbeln. Doch diesmal werden sie beobachtet. Gerade als sie erneut dem Ausgang zustreben, stellt sich ihnen der Hausmeister der Universität in den Weg und schreit: »Sie sind verhaftet.« Hans und Sophie leisten keinen Widerstand. Die Gestapo wird verständigt und ist innerhalb weniger Minuten vor Ort. Hans und Sophie Scholl werden in das berüchtigte Wittelsbacher Palais abgeführt.

Zunächst leugnen sie alles. Doch eine Hausdurchsuchung in ihrer Wohnung überführt sie rasch. Man hat Papier, Kuverts und ganze Streifen von Briefmarken für Postwurfsendungen gefunden. Die Beamten brauchen nur eins und eins zusammenzuzählen.

In diesem Augenblick fällt Hans ein, dass er noch den handschriftlichen Entwurf für ein nächstes Flugblatt in der Tasche hat, den Christl ihm vor ein paar Tagen übergeben hat. Mit einer Hand zerreißt er das Blatt in winzige Stücke, doch einer der Beamten bemerkt es. Der Fetzen Papier wird Christoph Probst zum Verhängnis. Noch am selben Tag wird er in Innsbruck verhaftet und nach München überstellt. Ausgerechnet Christl, den sie versucht hatten tunlichst von ihren Aktivitäten fern zu halten, da er erst im Januar zum dritten Mal Vater geworden war!

Blitzartig ändern die Geschwister Scholl nun ihre Strategie. Sie leugnen nichts mehr, sondern nehmen alles auf sich, um ihre Freunde zu schützen. Sophie mit ihren 21 Jahren wirkt noch so rührend jung, dass ihr der vernehmende Beamte offenbar eine Brücke bauen will. Ob sie vielleicht nicht daran gedacht habe, welch schädliche Folgen ihr Tun haben könnte? Doch Sophie steigt darauf nicht ein und sagt ihm mitten ins Gesicht: »Sie täuschen sich, ich würde alles genau noch einmal so machen, denn nicht ich, sondern Sie haben die falsche Weltanschauung.«

Am 22. Februar 1943 standen Hans Scholl, seine Schwester Sophie und Christoph Probst vor Gericht. Der gefürchtete Volksgerichtshofspräsident Roland Freisler persönlich hatte sich nach München bemüht, um die Verhandlung zu führen. Doch die Angeklagten ließen sich durch sein fanatisches Gebrüll nicht einschüchtern. Sie rechneten ohnedies mit einem Todesurteil. Ungerührt erwiderte ihm etwa Sophie auf die Frage nach ihrem Tatmotiv: »Einer muss ja doch schließlich damit anfangen. Was wir sagten und schrieben, denken ja so viele. Nur wagen sie nicht, es auszusprechen.«

Wie erwartet wurden alle drei »wegen landesverräterischer Feindbegünstigung, Vorbereitung zum Hochverrat und Wehrkraftzersetzung« zum Tode verurteilt. Das Urteil sollte noch am selben Tag vollstreckt werden.

Am Nachmittag gestattete man Robert und Magdalene Scholl, ihre Kinder noch einmal zu sehen. Die Eltern fanden beide Kinder aufrecht und sehr gefasst. Sophie war fest überzeugt, dass ihr Schicksal »Wellen schlagen wird«. Trotz seines großen Schmerzes konnte sich der Vater eines gewissen Stolzes nicht erwehren. »Ihr werdet in die Geschichte eingehen; es gibt noch eine andere Gerechtigkeit«, sagte er zum Abschied.

Die Selbstdisziplin, zu der sie sich in der Hitlerjugend-Zeit erzogen hatten, kam ihnen jetzt zugute. Sie blieben beherrscht bis zum Schluss. Nur ein einziges Mal, unmittelbar nachdem sie sich von ihren Eltern für immer verabschiedet hatte, lief Sophie eine leise Träne über die kindlichen Wangen.

Die Gefängniswärter waren von der Haltung der drei Jugendlichen derart beeindruckt, dass sie ihnen gegen die Gepflogenheiten ein letztes Zusammensein erlaubten, bevor sie gemeinsam mit dem Gefängnisgeistlichen das Abendmahl feierten.

Um 5 Uhr nachmittags wurden sie zu ihrem letzten Weg geholt. Es waren nur ein paar Meter über den Hof zu dem Gebäude, in dem die Guillotine stand. Zuerst ging Sophie, dann die beiden anderen.

Obwohl sie alles auf sich genommen hatten, war es ihnen nicht gelungen, zu verhindern, dass die Gestapo auch Alexander Schmorell, Willi Graf und Professor Kurt Huber auf die Spur kam. Alle drei wurden wenige Monate später ebenfalls hingerichtet.

Die Hoffnung der Geschwister Scholl, dass ihr Tod »Tausende von Menschen aufrütteln« würde, erfüllte sich nicht. Umsonst waren sie dennoch nicht gestorben, denn sie hatten ein Zeichen gesetzt, ein Zeichen, das der Welt bewies, dass es in Deutschland auch Menschen gab, die keine Nazis waren.

Gott mehr gehorcht als den Menschen

FRANZ JÄGERSTÄTTER

1907–1943

Man zeigte ihm einen schönen Eisenbahnzug, der am Fuße eines Berges entlang fuhr und dem die Menschen in Scharen zuströmten. Alle wollten sie mitfahren. Da hörte er plötzlich eine Stimme, die sagte: »Dieser Zug fährt in die Hölle«, und gleich darauf nahm ihn jemand bei der Hand und führte ihn fort, um ihm das Fegefeuer zu zeigen. Die Leiden, die er dort sah und spürte, waren furchtbar. Wenn das das Fegefeuer war, wie musste es dann erst in der Hölle sein! ...

Schweißgebadet fuhr Franz Jägerstätter hoch. Er hatte nur geträumt. Doch er war so aufgeregt und durcheinander von dem, was er soeben gesehen hatte, dass er seine Frau weckte, um ihr alles zu erzählen.

Dieses Traumerlebnis, das ihm in einer Januarnacht des Jahres 1938 widerfahren war, ließ ihn von nun an nicht mehr los. Es kehrte immer wieder und beschäftigte ihn so sehr, dass er es später sogar aufschrieb. Die Bilder aus diesem Traum wurden immer eindringlicher, je stärker der nationalsozialistische Wahn in Österreich um sich griff. Und irgendwann sagte sich Franz Jägerstätter, dass dies kein gewöhnlicher Traum gewesen war, sondern eine Vision, vielleicht sogar ein Fingerzeig Gottes. Von diesem Augenblick an wusste er, dass dieser Zug, von dem er geträumt hatte, nichts anderes darstellte als den »hereinbrechenden oder -schleichenden Nationalsozialismus«. Er war überzeugt: Gott hatte ihm damit eine Warnung zukommen lassen und ihm gezeigt, dass er sich entscheiden müsse zwischen seinem Glauben und dem Nationalsozialismus. Wie er seine Entscheidung allerdings traf, das lag allein bei ihm selbst und seinem freien Willen.

Diese Erkenntnis stürzte den tiefgläubigen oberösterreichischen Bauern in einen schweren inneren Konflikt. Monatelang rang er mit sich selbst, hin- und hergerissen zwischen seinem Glauben und seiner Verantwortung als Familienvater, aber auch als Staatsbürger. Bis er schließlich bereit war, seinem Gewissen zu folgen und alle daraus resultierenden

Konsequenzen auf sich zu nehmen. Es war ein langer, steiniger Weg, den Franz Jägerstätter für seinen Glauben zurückzulegen hatte, ein Weg, der in St. Radegund in Oberösterreich begann und in Berlin-Brandenburg endete.

* * *

Dicht an der Grenze zu Bayern liegt die 500-Seelen-Gemeinde St. Radegund in Oberösterreich. Hier wurde am 20. Mai 1907 Franz Huber geboren, lediges Kind der Bauernmagd Rosalia Huber. Der Vater, Franz Bachmeier, war aus finanzieller Not nicht in der Lage, zu heiraten und eine Familie zu ernähren. So musste, wie so oft in jenen Zeiten, wieder einmal die Großmutter einspringen. Elisabeth Huber nahm sich ihres Enkels an und zog ihn unter großen Entbehrungen, aber mit viel Liebe und Verständnis auf.

Ab 1913 besuchte der kleine Franz die siebenjährige Volksschule des Ortes. In einem einzigen Raum wurden dort bis zu 70 Kinder verschiedenster Alters- und Schulstufen gleichzeitig unterrichtet, Umstände, unter denen wohl nur das Allernotwendigste an Wissen vermittelt werden konnte. Franz lernte gerne und gut, aber er litt unter dem Stigma des »ledigen Buben« und der damit verbundenen, offensichtlichen Zurücksetzung durch den Lehrer.

Im Februar 1917 aber erfuhr sein Leben diesbezüglich plötzlich eine entscheidende Wendung zum Besseren. Denn seine Mutter heiratete den angesehenen Landwirt Heinrich Jägerstätter, dem der Leherbauernhof gehörte. Dieser adoptierte Franz, dessen leiblicher Vater zwei Jahre zuvor im Ersten Weltkrieg »für Gott, Kaiser und Vaterland« gefallen war. So wurde aus dem »ledigen« Franz Huber Franz Jägerstätter, der künftige Erbe eines Hofes.

Von jetzt an hatte er nicht nur immer genug zu essen, sondern er genoss auch ein bisher nicht gekanntes Ansehen. Noch bedeutender waren allerdings die geistigen Anregungen, die er in seiner neuen Familie erfuhr. Sein Adoptivgroßvater war ein vielseitig interessierter Mann, der eine Menge Bücher besaß und es verstand, dem Buben, der jetzt sein Enkel war, die Freude am Lesen zu vermitteln. Mit Erfolg. Franz Jägerstätter wurde ein leidenschaftlicher Leser, der einmal zu seinem Patensohn sagen sollte: »Wer nichts liest, wird sich nie so richtig auf die eigenen Füße stellen können, wird nur zu leicht zum Spielball der Meinung anderer.«

Es ist wohl zu einem Gutteil auf seine Lesefreudigkeit und den Einfluss des Großvaters zurückzuführen, dass sich Franz Jägerstätter eine über das übliche Maß hinausreichende Bildung und vor allem die Fähigkeit zu eigenständigem Denken aneignen konnte, etwas, das für einen Mann seiner Herkunft nicht unbedingt eine Selbstverständlichkeit war.

Obwohl er, wie es am Land gang und gäbe war, schon früh von den Eltern zur Mithilfe am Hof herangezogen wurde, blieb ihm immer noch genügend Zeit zum Lesen, aber auch zum Sporttreiben, Musizieren und Theaterspielen. Letzteres hatte in St. Radegund einen ganz besonderen Stellenwert. Denn der kleine Ort im Innviertel war über die Grenze hinweg bekannt für seine Passionsspiele, die hier seit 1908 jedes Jahr stattfanden. Durch den Ersten Weltkrieg war es allerdings zu einer längeren Unterbrechung gekommen, sodass diese Tradition erst 1922 wieder aufgenommen werden konnte. Wie die meisten Einwohner beteiligte sich auch der nunmehr 15-jährige Franz Jägerstätter an der Aufführung. Er spielte einen der Soldaten, die nach der Kreuzigung um das Gewand Christi würfeln – eine bewegende Erfahrung für den frommen und sensiblen Burschen, der für alles empfänglich war, was mit Religion und Spiritualität zu tun hatte. Schon in der Sonntagsschule hatte er immer ganz besonders aufmerksam den Erzählungen des Pfarrers gelauscht. Und bald entdeckte der eifrige Leser auch die Heilige Schrift für sich, die ihn fortan durch sein Leben begleiten sollte. Ein Rosenkranz betender Langeweiler war Franz Jägerstätter deshalb aber noch lange nicht. In seiner vielschichtigen Persönlichkeit vereinten sich nämlich Frömmigkeit, Nachdenklichkeit und musisches Interesse problemlos mit einem temperamentvollen, fröhlichen Wesen. Als junger Mann war er für jeden Streich zu haben, fehlte bei keiner Rauferei, aber auch bei keiner Geselligkeit vom Kegeln bis zum Eisstockschießen.

Der fesche, schneidige Bursch, der sich gerne nach der neuesten Mode kleidete, erfreute sich überall großer Beliebtheit, auch bei den Mädchen natürlich. Und er sagte wohl selten nein, wenn eine ihr Interesse bekundete. Es dürfte dann auch eine Mädchengeschichte gewesen sein, die den 20-Jährigen 1927 veranlasste, eine Weile von zu Hause wegzugehen, um sich im steirischen Eisenerz als Arbeiter sein Geld zu verdienen.

Drei Jahre später kehrte er als stolzer Besitzer eines Motorrades wieder nach St. Radegund zurück, innerlich reifer, aber immer noch flott und abenteuerlustig wie eh und je. Er verliebte sich in ein Mädel aus der Nachbarschaft, doch die Beziehung hielt nicht lange. Was davon blieb, war ein Kind, die kleine Hildegard Auer. Der junge Franz Jägerstätter mag vielleicht recht lebenslustig gewesen sein, aber er war auch ein Ehrenmann, der sich vor keiner Verantwortung drückte. Ganz selbstverständlich bekannte er sich daher zu seiner Tochter, sorgte für ihren Unterhalt und kümmerte sich rührend um sie. Selbst seine spätere Heirat mit einer anderen Frau und die Geburt ehelicher Kinder konnten der engen Bindung zwischen Vater und Tochter keinen Abbruch tun.

Das Jahr 1933, in dem die kleine Hilda zur Welt kam, sollte für Franz Jägerstätter zu einem Schlüsseljahr werden. Im Mai starb sein Adoptivvater im Alter von erst 49 Jahren an Tuberkulose und hinterließ ihm den Leherbauernhof. Damit wurde er früher, als ihm lieb war, mit dem Ernst des Lebens konfrontiert. Denn eigentlich wusste er damals noch gar nicht genau, ob er wirklich Bauer werden wollte.

Während der drei Jahre, die er aus St. Radegund weg gewesen war, hatte er zu einer starken Religiosität gefunden, die sich mittlerweile noch vertieft hatte. Er dachte jetzt viel über die Liebe und den Glauben nach, machte sich Notizen dazu und trug sich seit einiger Zeit ernsthaft mit dem Gedanken, in ein Kloster einzutreten. Er sprach darüber mit Joseph Karobath, der damals gerade das Amt des Pfarrers von St. Radegund angetreten hatte und mit dem ihn ein enges Vertrauensverhältnis verband. Karobath riet ihm allerdings von seinem Vorhaben ab, indem er ihm erklärte, seine Aufgabe sei es, Bauer zu werden und eine Familie zu gründen. Damit könne er Gott viel besser dienen als in einem Kloster. Franz nahm sich den Rat zu Herzen und heiratete 1936 Franziska Schwaninger, eine Frau, die ebenso religiös war wie er. Die beiden führten eine harmonische Ehe, der in den folgenden vier Jahren drei Töchter entsprangen. Franziska sollte sich als die richtige Gefährtin für Franz Jägerstätter erweisen, die auch in den schwierigsten Situationen zu ihm stand und seine Haltung respektierte und die nie versuchte ihn unter Druck zu setzen.

Zu Beginn des Jahres 1933 wurden für Franz Jägerstätter aber auch noch in anderer Hinsicht die Weichen gestellt. Mit wachsender Besorgnis beobachtete man sowohl von Seiten der österreichischen Regierung als auch der Kirche den Aufstieg Adolf Hitlers im benachbarten Deutschland. Österreichs Bischöfe sahen sich mehrfach veranlasst, zum Nationalsozialismus Stellung zu nehmen, wobei vor allem der Hirtenbrief des Linzer Diözesanbischofs Johannes Maria Gföllner vom 21. Januar 1933 über »den wahren und falschen Nationalismus« große Beachtung fand. In seiner 14-seitigen Schrift prangerte Gföllner vehement den Rassenwahn und die fehlende Nächstenliebe des Nationalsozialismus ebenso an wie dessen Versuch, sich über den Staat und die Religion zu stellen. »Die nationalsozialistische Moral ist daher mit dem katholischen Moralbegriff völlig unvereinbar, völlig unkatholisch und vom Standpunkte der katholischen Religion völlig unannehmbar«, schrieb er. Und daher

»ist es auch unmöglich, gleichzeitig g u t e r Katholik und w i r k l i c h e r Nationalsozialist zu sein«. Der Hirtenbrief wurde von allen Kanzeln des Landes verlesen und darüber hinaus in acht Sonderauflagen zu insgesamt 35 000 Stück der Allgemeinheit zur Kenntnis gebracht. In Übersetzung gelangte das Schreiben auch in das benachbarte Ausland, wo es viel Aufsehen erregte.

Die österreichischen Nationalsozialisten reagierten darauf erwartungsgemäß mit scharfen Angriffen gegen den Bischof. Das ging so weit, dass man am Gründonnerstag am Portal des Katholischen Pressvereins in Linz ein Plakat fand, das Christus als einen Verbrecher darstellte, der mit einem Galgenstrick am Hakenkreuz hing. Darunter stand: »Einmal ist er aus jüdischen Horden von arischen Römern gekreuzigt worden. Jetzo, der Heiland Hitler gebeut's, hängen wir Christus ans Hakenkreuz. Heil Hitler! Juda-Christus verrecke!« Gföllner ließ sich von derlei blasphemischen Aktionen jedoch nicht einschüchtern. »Es bleibt denn auch der Hirtenbrief trotz aller Kritik und Anfeindung vollinhaltlich aufrecht«, ließ er am 26. März 1933 verlauten, »nicht ein einziger Satz und Gedanke wird zurückgenommen oder abgeschwächt, nicht ein Strichlein und nicht ein Pünktlein wird geändert.«

Mit großem Interesse hatte Franz Jägerstätter diesen Hirtenbrief gelesen, der ihm fortan, wie der Bischof es empfohlen hatte, »als Leitstern und Markstein in dunklen Fragen und auf gefährlichen Pfaden dienen« sollte. Gföllners Ausführungen leuchteten ihm ein und er zog seine Schlüsse daraus. »Es ist unmöglich, gleichzeitig ein guter Katholik und ein wirklicher Nationalsozialist zu sein« – an diese Formel hielt er sich für den Rest seines Lebens.

Beim Pfarrer von St. Radegund fand er seine politischen Ansichten bestätigt. Joseph Karobath machte nämlich weder privat noch in seinen Predigten ein Hehl aus seiner Ablehnung gegenüber Adolf Hitler und dessen Ideologie. Nach der sonntäglichen Messe diskutierte er oft mit Jägerstätter über die Vereinbarkeit von Katholizismus und Nationalsozialismus, wobei ihm schon damals auffiel, welch profunde Kenntnisse der Heiligen Schrift der junge Bauer besaß. Franz Jägerstätter wurde nicht müde, sich mit dem Thema auseinander zu setzen. Immer wieder nahm er die Bibel zur Hand um nachzulesen. Aus dem nahen Bayern wusste man unterdessen von der Kirchenfeindlichkeit des neuen deutschen Regimes, woran auch das Konkordat mit Rom nichts zu ändern vermochte. Die Nachrichten über zahlreiche Verhaftungen unter katholischen Priestern, die sich dem Nationalsozialismus entgegenstellten, drangen bis nach St. Radegund.

In dem kleinen Ort an der Salzach hatte man aber noch aus ganz anderen Gründen keine Freude mit der politischen Entwicklung in Deutschland. Durch die so genannte 1000-Mark-Sperre[6], mit der Hitler Druck auf die konservativ-klerikale österreichische Regierung ausüben wollte, wurde der heimische Tourismus schwer getroffen, was man auch in St. Radegund zu spüren bekam. Auf Grund des Ausbleibens der deutschen Gäste wurden die Passionsspiele 1933 zu einem wirtschaftlichen Misserfolg. Nicht zuletzt deswegen hielt sich wohl in der Gemeinde die Begeisterung für den Nationalsozialismus in Grenzen. Doch St. Radegund war nicht Österreich.

Im ganzen Land wuchs indes stetig die Zahl der – zunächst noch illegalen – Anhänger Hitlers, die sich »heim ins Reich« sehnten. Am 12. März 1938 ging ihr Wunsch schließlich in Erfüllung. Staatskanzler Schuschnigg gab sich geschlagen und überließ Österreich kampflos den einmarschierenden deutschen Truppen.

Von nun an war es auch in St. Radegund mit der beschaulichen ländlichen Idylle zu Ende. Das Dorf brauchte nämlich einen neuen Bürgermeister, der mit den nationalsozialisti-

---

[6] Gesetz, wonach jeder Deutsche, der nach Österreich reisen wollte, an der Grenze 1000 Reichsmark zu entrichten hatte.

schen Behörden kommunizierte. Aber es fand sich niemand, der dieses Amt übernehmen wollte. Auch Franz Jägerstätter hatte man es angetragen, doch der hatte selbstverständlich ebenfalls abgelehnt. Um zu verhindern, dass ein auswärtiger Kommissar die Geschäfte des Ortes übernahm, stellte sich schließlich einer der Bauern von St. Radegund zur Verfügung. So war es möglich, auch weiterhin zusammenzuhalten. Von dieser Solidarität unter den Bewohnern sollte vor allem Franz Jägerstätter profitieren. Während sich die übrigen Dorfbewohner nämlich rasch mit der neuen Situation abfanden und versuchten sich zu arrangieren, leistete er vom Tag des Einmarsches an Widerstand gegen das neue Regime. Zu seiner großen Enttäuschung stand er damit ziemlich allein auf weiter Flur. Selbst die Kirche schien sich der neuen Staatsmacht zu beugen, wie die Erklärung der österreichischen Bischöfe vom 18. März 1938, die übrigens auch die Unterschrift von Bischof Gföllner trug, bewies:

»Am Tage der Volksabstimmung ist es für uns Bischöfe selbstverständliche Pflicht, uns als Deutsche zum Deutschen Reich zu bekennen, und wir erwarten auch von allen gläubigen Christen, dass sie wissen, was sie ihrem Volke schuldig sind ...«

Franz Jägerstätter versuchte zwar Verständnis für die Bischöfe aufzubringen, wenn er später schrieb: »Sie werden vielleicht geglaubt haben, es dauert nur kurze Zeit ... und sie können durch ihre Nachgiebigkeit den Gläubigen viele Martyrien und Pein ersparen.« Er selbst aber war nicht bereit, auch nur den geringsten Kompromiss mit Hitler und seiner Partei einzugehen. Als Einziger im Ort stimmte er daher bei der Volksabstimmung am 10. April 1938 mit NEIN. Dennoch meldete die Gemeinde 100 Prozent JA-Stimmen nach Wien. Um keine Schwierigkeiten zu bekommen, hatte man Jägerstätters Wahlzettel kurzerhand unterschlagen.

Getreu seinem Leitsatz, dass man nicht gleichzeitig ein guter Katholik und ein Nationalsozialist sein konnte, lehnte

Franz Jägerstätter jegliche Zusammenarbeit mit dem NS-Regime ab. Konsequent verweigerte er den Hitlergruß und er wollte auch nichts haben, was von den Nazis kam, weder die Hagelentschädigung, die ihm 1938 zugestanden wäre, noch die Kinderbeihilfe, die 1940 eingeführt wurde.

Im Dorf hielt man sein Verhalten für übertrieben stur und uneinsichtig. Er aber blieb dabei: Er wollte nichts mit einem Staat zu tun haben, der die Kirche derart verfolgte wie dies seit dem Einmarsch der Nazis in Österreich der Fall war. Das Entgegenkommen der Bischöfe hatte der Kirche bekanntlich nichts gebracht. In jenem Dekanat etwa, zu dem St. Radegund gehörte, wurden nicht weniger als acht der elf dort tätigen Geistlichen verhaftet. Unter ihnen auch Pfarrer Joseph Karobath, der im Sommer 1940 wegen einer »zersetzenden« Predigt festgenommen und später mit Ortsverbot belegt wurde. Die Bewohner von St. Radegund hatten sich damals vergeblich hinter ihren Pfarrer gestellt. Er wurde durch den weitaus vorsichtigeren Vikar Ferdinand Fürthauer ersetzt, bei dem Franz Jägerstätter kurz darauf das frei gewordene Messner-Amt übernahm.

Wenn es um die Belange der Gemeinde ging, hielt der Ort eisern zusammen. Die Denunziation eines Mitbürgers, der sich nicht regimekonform verhielt, war in St. Radegund kein Thema. Das galt natürlich auch für den erklärten NS-Gegner Franz Jägerstätter, wenngleich man sein Verhalten mit wachsender Sorge betrachtete. Aber solange es in ihrer Macht stand, würden die Dorfbewohner versuchen ihn zu schützen, so schien es. Doch eine Frau aus dem Ort brach das stillschweigende Übereinkommen und verfasste eine Anzeige an die Gestapo, in der zehn Personen – unter ihnen auch Franz Jägerstätter – als Regimegegner genannt wurden. Dank der Geistesgegenwart der Briefträgerin des Ortes aber landete der Brief auf dem Schreibtisch des Bürgermeisters, der ihn kurzerhand verschwinden ließ.

Trotzdem stand zu befürchten, dass Franz Jägerstätters nicht zu übersehender Widerstand dem Ort über kurz oder lang

Unannehmlichkeiten bereiten könnte. Viele waren daher ganz froh, als der rebellische Bauer im Oktober 1940 zur Militärausbildung nach Enns beordert wurde. Sie hofften, er würde dort endlich zur Vernunft kommen und sich wie alle anderen mit dem Unabänderlichen abfinden.

Zum allgemeinen Erstaunen folgte Jägerstätter der Aufforderung ohne den geringsten Widerspruch. Er legte in Enns den Fahneneid ab und tat auch sonst, was von ihm verlangt wurde. Aber er litt unsäglich unter der Willkür seiner Vorgesetzten und den Schikanen, die er in dem areligiösen Milieu wegen seiner Frömmigkeit zu ertragen hatte. Mit allen Mitteln versuchte man ihn an seiner Religionsausübung und am Besuch des sonntäglichen Gottesdienstes zu hindern.

Zum Glück fand Franz Jägerstätter wenigstens einen unter seinen Kameraden, dem der Glaube etwas bedeutete. Gemeinsam suchten sie außerhalb der Dienstzeit Zuspruch im 3. Orden des Heiligen Franziskus in Enns, einer Laienkongregation, der sie im Dezember 1940 beitraten. Der spirituelle Rückhalt, den Franz Jägerstätter hier fand, ließ ihn die Militärzeit leichter ertragen. Allzu lange musste er aber ohnedies nicht mehr durchhalten, denn dank der Intervention des Bürgermeisters von St. Radegund konnte er bereits im April 1941 wegen »Unabkömmlichkeit« wieder auf seinen Bauernhof zurückkehren.

Auf die allgemeine Freude über seine Rückkehr folgte jedoch ein Schock für alle, die ihm nahe standen, als er rundweg erklärte, dass er »nimmer einrücken« werde.

Die paar Monate beim Militär hatten seine Abneigung gegen das Hitler-Regime noch verstärkt, und das nicht nur wegen der dort herrschenden Religionsfeindlichkeit. Es war vor allem wegen dem Krieg, den Deutschland vom Zaun gebrochen hatte und der in seinen Augen völlig ungerechtfertigt war, weil er nichts verteidigte, sondern ein reiner Eroberungsfeldzug war. Mit solch einem Krieg wollte er nichts zu tun haben!

Die ganze Unchristlichkeit und Unmenschlichkeit des Nationalsozialismus aber war ihm erst so richtig bewusst geworden, als er in Ybbs durch Zufall von der systematischen Ermordung psychisch Kranker erfuhr. Und damit stand wohl sein Entschluss endgültig fest.

In der Familie und im Dorf war man über Franz' Absicht, nicht mehr einzurücken, entsetzt. Denn jeder wusste, wenn er dabei blieb, würde das über kurz oder lang sein Todesurteil bedeuten. Also redeten sie alle auf ihn ein, schalten ihn, drohten ihm, um ihn zur Vernunft zu bringen. Als hätte er nicht selbst gewusst, worauf er sich eingelassen hatte! Immer wieder hinterfrug er seine Entscheidung auf ihre Richtigkeit, indem er sich verstärkt mit Fragen der Religion und des Glaubens beschäftigte.

Franz Jägerstätter schrieb viel in diesen Monaten. Seite um Seite, Heft um Heft füllte er mit seinen Fragen und Gedanken zur Politik und zum Glauben, setzte sich intensiv mit der NS-Ideologie und den Handlungen der Staatsführung auseinander, um sie sodann den Geboten der Heiligen Schrift gegenüberzustellen.

Immer wieder musste er dabei auch an seinen Traum vom Januar 1938 denken. Das Bild des Zuges, dem die Menschen zuströmten. War das nicht das Gleiche wie die Tausenden, die sich jetzt um eine Parteimitgliedschaft in der NSDAP bewarben?

Mit Besorgnis analysierte Franz Jägerstätter das Verhalten seiner Mitmenschen, von denen viele zwar den Nationalsozialismus ablehnten, aber aus Bequemlichkeit oder aus Angst vor Unannehmlichkeiten einfach mit dem Strom schwammen. Auch die Anpassung der Kirche entging seiner Kritik nicht: »In Deutschland hat es vor der Machtübernahme Hitlers geheißen: Den Nationalsozialisten wird die Kommunionbank verweigert. Und wie schaut es jetzt aus in diesem Reich? ... Manche tragen sogar öffentlich das Parteiabzeichen, wenn sie zu den hl. Sakramenten gehn. Haben sie denn heute ein besseres Programm, dass man zu all dem schweigt? ...«

Ähnlich entlarvend auch Jägerstätters Überlegungen zum Krieg gegen Russland. Das damals viel strapazierte Argument, man würde damit den gottlosen Bolschewismus bekämpfen, ließ er nicht gelten. Das war nichts weiter als ein billiger Vorwand, wie er mit bestechender Logik feststellte: »Es ist eben sehr traurig, wenn man immer wieder von Katholiken hören kann, dass dieser Krieg, den Deutschland führt, doch nicht so ungerecht ist, weil damit der Bolschewismus ausgerottet wird.

Es ist wahr, dass gerade jetzt die meisten unserer Soldaten im ärgsten Bolschewistenlande stecken, um alle, die sich in diesem Land befinden und sich zur Wehr setzen, einfach unschädlich oder wehrlos zu machen.

Und nun eine kurze Frage: Was bekämpft man in diesem Lande? Den Bolschewismus oder das russische Volk? ...

Wenn man ein wenig in der Geschichte Rückschau hält, so muss man immer wieder fast dasselbe feststellen: Hat ein Herrscher ein anderes Land mit Krieg überfallen, so sind sie gewöhnlich nicht in das Land eingebrochen, um sie zu bessern oder ihnen vielleicht gar etwas zu schenken, sondern sich für gewöhnlich etwas zu holen.

Kämpft man gegen das russische Volk, so wird man sich auch aus diesem Lande so manches holen, was man bei uns gut gebrauchen kann. Denn kämpfte man bloß gegen den Bolschewismus, so dürften doch diese anderen Sachen, wie Erze, Ölquellen oder ein guter Getreideboden, doch gar nicht so stark in Frage kommen.«

Je mehr er über all das nachdachte, umso mehr gelangte Franz Jägerstätter zu der Überzeugung, dass er sich schuldig machen würde, wenn er an diesem Krieg teilnähme. Er konnte es mit seinem Gewissen nicht vereinbaren, Hitlers Unrechtsregime auch nur in irgendeiner Weise zu dienen.

»... Gibt es denn noch viel Schlechteres, als wenn ich Menschen morden und berauben muss, die ihr Vaterland verteidigen, nur um einer antireligiösen Macht zum Siege zu verhelfen, damit sie ein gottgläubiges oder besser gesagt, ein gottloses Weltreich gründen können«, fragte er sich. Und er teilte auch nicht die – wohl zur Gewissensberuhigung – verbreitete Meinung, dass die Wehrmacht nicht der Nationalsozialismus sei und dass »im Krieg andere als die üblichen Normen gelten«. Nein, »um glücklich ans andere Ufer zu kommen, bleibt uns nichts anderes übrig, als gegen den Strom zu schwimmen«, notierte er voller Einsicht.

Trotzdem suchte Franz Jägerstätter bis zuletzt verzweifelt nach einer Alternative oder zumindest nach einem Rückhalt für seine Entscheidung. Wenn ihm jemand ein überzeugendes Argument für eine Revidierung seiner Haltung hätte nennen können, er wäre wohl bereit dazu gewesen. Ratsuchend wandte er sich an Priester und an Menschen, denen er vertraute. Er traf sich heimlich mit Pfarrer Karobath, der natürlich bemüht war ihn zu retten und daher versuchte ihm seine Bedenken auszureden. Letztendlich musste er sich jedoch eingestehen, dass er Jägerstätters überzeugenden Bibelargumenten nicht wirklich etwas entgegenzuhalten vermochte.

Bei Vikar Fürthauer fand er noch weniger Verständnis. Der Geistliche nannte ihn sogar einen Selbstmörder, wenn er einer neuerlichen Einberufung nicht nachkommen sollte, und erinnerte ihn an seine Pflicht gegenüber seiner Gattin und seinen Kindern. Überzeugen konnte er Jägerstätter damit allerdings nicht.

Da ihm daheim niemand helfen konnte, wandte sich Franz Jägerstätter schließlich an die nächsthöhere Instanz. Er suchte bei Bischof Fließer, dem Nachfolger des streitbaren Bischofs Gföllner, in Linz um eine Audienz an. Gewissenhaft bereitete er sich auf den Besuch vor, indem er einen Katalog mit zehn Fragen verfasste, die seiner geplanten Wehrdienstverweigerung zu Grunde lagen. Darin hieß es unter anderem:

• Wer gibt uns die Garantie, dass es nicht im Geringsten mehr sündhaft ist, einer Partei beizutreten, deren Bestreben es ist, das Christentum auszurotten?

• Wann hat das kirchliche Lehramt die Entscheidung und

Gutheißung gegeben, dass man jetzt alles tun und befolgen darf, was die Nationalsozialistische Partei oder Regierung uns befiehlt oder von uns wünscht?

• Welcher Katholik getraut sich diese Raubzüge, die Deutschland schon in mehrere Länder unternommen hat und noch immer weiterführt, für einen gerechten und heiligen Krieg zu erklären?

• Warum feiert man die Kämpfer für den Nationalsozialismus heute auch in den Kirchen Österreichs als Helden? Hat man denn nicht solche bei uns vor fünf Jahren noch völlig verdammt?

Der Bischof konnte angesichts dieser wohl durchdachten, logischen Fragen sein Erstaunen kaum verbergen. Waren diese Gedanken tatsächlich dem Hirn dieses einfachen Bauern entsprungen, der da vor ihm stand? Andererseits brachten ihn diese Fragen gehörig in Verlegenheit. Er konnte sie nämlich beim besten Willen nicht beantworten, wenn er nicht die Kirche ins Unrecht setzen wollte.

Noch weniger wagte Fließer allerdings Jägerstätters Ausführungen zu bestätigen, ihm Recht zu geben und ihm zu sagen, dass er im Sinne des katholischen Glaubens richtig handle. Denn er hatte Angst, fürchtete, dass sein Besucher möglicherweise ein Spitzel war und ein falsches Wort aus seinem Mund ihm und der Kirche schaden könnte. So beschränkte er sich darauf, Jägerstätter zu beruhigen, er sei keinesfalls für die Taten der Obrigkeit verantwortlich. Vielmehr läge seine Verantwortung in seinem privaten Lebenskreis, sei er verantwortlich für seine Familie, seine Frau und seine drei kleinen Töchter. Es gebe eben nicht nur eine Pflicht gegen Gott, sondern auch gegen den Staat. Und stehe nicht auch in der Bibel: »Gebt dem Kaiser, was des Kaisers ist?« Und dazu gehöre nun einmal auch die Pflicht zum Wehrdienst.

Jägerstätter war enttäuscht. Zu seiner Frau, die ihn nach Linz begleitet hatte, sagte er damals: »Sie trauen sich selber nicht, sonst kommen's selber dran.«

125

Er musste einsehen, dass ihm niemand bei seiner Entscheidung helfen konnte. Man ließ ihn damit allein. »Immer wieder möchte man einem das Gewissen erschweren betreffs Gattin und Kinder. Sollte die Tat, die man begeht, vielleicht dadurch besser sein, weil man verheiratet ist und Kinder hat? Oder ist deswegen die Tat besser oder schlechter, weil es tausend andere Katholiken auch tun?«, klagte er.

Doch er ließ sich nicht beirren, sondern hielt sich an einen seiner Leitsätze, der da hieß: Man muss Gott mehr gehorchen als den Menschen. Und die Gebote Gottes ließen sich nun einmal nicht mit dem Nationalsozialismus vereinbaren. Mit einem gewissen Zynismus stellte er fest, dass eine Wehrdienstverweigerung auch nicht viel lebensgefährlicher war als der Frontdienst.

Im Dorf stieß er mit seiner Einstellung größtenteils auf Unverständnis und Kopfschütteln. Die Einzige, die nicht versuchte ihm sein Vorhaben auszureden, war seine Frau. Franziska Jägerstätter hatte begriffen, dass ihr Mann nicht anders konnte als seinem Gewissen zu gehorchen. Und sie begriff auch, dass er richtig handelte, dass die Argumente wie »Selbstmörder«, »verantwortungslos gegen die Familie« oder »machtlos gegen die Obrigkeit« nur Ausreden waren. Denn wer erkannt hatte, dass etwas unrecht war, der durfte es auch nicht tun. Und Franz Jägerstätter hatte erkannt, dass dieser Krieg ein ungerechter war und dass er »Gott beleidigen würde, wenn er in diesem Krieg diente«.

Fast zwei Jahre dauerte Franz Jägerstätters Ringen zwischen seiner Gewissenspflicht und seiner Verpflichtung als Familienvater und als Staatsbürger. Bislang war dieser innere Kampf eine Angelegenheit gewesen, die nur ihn und seine engere Umgebung betraf. Bei den Behörden wusste man davon nichts.

Unterdessen ging der Krieg in sein viertes Jahr. Die anfängliche Euphorie und Siegesgewissheit bei den Deutschen war längst verflogen. Trauer, Schmerz und Tod machten sich in der Bevölkerung breit. Aus Russland trafen schlimme, desillusionierende Nachrichten ein. Und dann kam Stalingrad und damit für Franz Jägerstätter die Stunde der Bewährung.

Nach der Katastrophe von Stalingrad griff das Regime auf jeden verfügbaren Mann zurück. Am 23. Februar 1943 erhielt daher auch Franz Jägerstätter seine Einberufung zur Wehrmacht. Jetzt musste er sich entscheiden.

Zunächst wollte er der Einberufung gar nicht Folge leisten, doch seine Familie und Vikar Fürthauer redeten ihm so lange zu, bis er sich bereit erklärte, nach Enns zu fahren. Sie hofften wahrscheinlich, er würde es sich vielleicht in letzter Minute doch noch überlegen, wenn er vor den zuständigen Offizieren stand, und seiner Wehrpflicht nachkommen.

Vier Tage später verabschiedete sich Franz Jägerstätter am Bahnhof von seiner Frau. Die Trennung fiel ihnen unendlich schwer. Lange lagen sie einander in den Armen. Beide weinten. Irgendwo in ihrem Innersten wusste wohl auch Franziska Jägerstätter, dass sie mit diesem Tag ihren Mann verlor.

Dann geschah etwas Kurioses: Der 35-Jährige stieg – absichtlich oder auf Grund der Aufregung – in den falschen Zug und kam so erst am Morgen des 28. Februar, einem Sonntag, in Enns an, wodurch ihm noch ein Aufschub von zwei Tagen geschenkt war.

In Enns führte ihn sein erster Weg in die Kirche, wo er an der Frühmesse teilnahm und danach noch lange Zeit im Gebet verweilte. Er hoffte, dass Gott ihm sagen würde, wie er sich zu verhalten habe. Er bat wohl auch um Kraft, denn er ahnte wahrscheinlich, was auf ihn zukam. So verging also noch ein ganzer Tag, bis er sich am 1. März 1943 mit viertägiger Verspätung – der Einberufungstermin war der 25. Februar gewesen – schließlich in die Kaserne begab, um dort vor den anwesenden Vertretern der Militärbehörde seine Wehrdienstverweigerung auszusprechen. Er könne aus Gewissensgründen in diesem Krieg nicht dienen.

Erleichterung überkam ihn, nachdem er diese Worte gesagt

hatte, zumal die Reaktionen bei weitem nicht so heftig waren, wie er es sich vorgestellt hatte. Niemand brüllte ihn an. Der zuständige Offizier machte ihn nur eindringlich auf die Folgen aufmerksam, die seine Verweigerung nach sich ziehen würde, und forderte ihn auf, seinen Entschluss nochmals zu überdenken. Aber Jägerstätter blieb bei seiner Verweigerung.

Schon am nächsten Tag wurde er daher an das Divisionsgericht Linz überstellt, von wo er am 3. März 1943 beruhigend an seine Frau schrieb: »... Es war nicht so leicht, bei meinem Entschluss zu bleiben ... Es kann auch weiterhin noch schwer werden, aber ich vertraue, dass Gott, wenn es anders besser wäre, mir doch noch eine Weisung geben würde.«

Und dann, eine Woche später, plötzlich die überraschende Wende. Es scheint, als habe Franz Jägerstätter doch noch einen Kompromiss für sich gefunden, denn am 11. März 1943 teilte er Franziska mit: »Dass ich mich zur Sanität bereit erkläre, denn hier kann man ja eigentlich doch Gutes tun und die christliche Nächstenliebe im praktischen Sinne ausüben, wozu sich mein Gewissen nicht mehr sträubt. Strafe werde ich deswegen schon erhalten.« Offenbar hatte ihn ein wohlmeinender Offizier bei den Vernehmungen auf diesen Ausweg hingewiesen.

Bis vor wenigen Jahren hatte man angenommen, Franz Jägerstätter habe selbst den Sanitätsdienst als Kriegsbeteiligung betrachtet und daher abgelehnt. Auch der eindrucksvolle Film von Axel Corti, »Der Fall Jägerstätter«, entstanden 1971, folgte dieser Auffassung. Mit der Auffindung des Gerichtsurteils gegen Franz Jägerstätter im Prager Militärarchiv im Jahre 1990 musste diese Vermutung jedoch revidiert werden. Denn darin heißt es ausdrücklich: »... Er erklärte, dass er gegen sein religiöses Gewissen handeln würde, wenn er für den nationalsozialistischen Staat kämpfen würde ... Er sei jedoch bereit, als Sanitätssoldat Dienst zu leisten.«

Die Entscheidung darüber aber lag beim Reichskriegsgericht in Berlin, wohin Franz Jägerstätter am 4. Mai 1943 überstellt wurde. Danach hieß es warten bis zum Prozess. Woche um Woche verging. Franz Jägerstätter nützte die Zeit zum intensiven Studium der Bibel und brachte wie immer seine Gedanken und Interpretationen zu Papier. Seine Mitgefangenen mochten den unscheinbaren, bescheidenen Bauern aus Österreich wegen seiner Güte und seiner ruhigen Liebenswürdigkeit und sie bewunderten ihn für seinen tiefen Glauben, der auch ihnen wieder Kraft und Hoffnung gab.

Am 6. Juli 1943 fand endlich der Prozess gegen Franz Jägerstätter statt. Das Gericht machte jedoch nicht viel Federlesens und kam rasch zu einem Urteil, das da lautete: »Im Namen des Deutschen Volkes! ... Der Angeklagte wird wegen Zersetzung der Wehrkraft zum Tode sowie zum Verlust der Wehrwürdigkeit und der bürgerlichen Ehrenrechte verurteilt.«

Franz Jägerstätters Hoffnung – so ferne er eine solche überhaupt gehegt hatte –, zum Sanitätsdienst zugelassen zu werden, hatte sich also nicht erfüllt. Nun blieb ihm nur noch der Widerruf seiner Wehrdienstverweigerung, wenn er sein Leben retten wollte. Das hieße zwar Umwandlung der Todesstrafe in eine nach dem Krieg abzusitzende Gefängnisstrafe, doch er würde danach unverzüglich an die Front geschickt werden.

Wenige Tage nach der Urteilsverkündung traf daher Franziska Jägerstätter in Begleitung von Pfarrer Fürthauer im Gefängnis Berlin-Tegel ein. Vielleicht lässt er sich im Angesicht des Todes ja doch noch umstimmen und ergreift diese letzte Möglichkeit, am Leben zu bleiben, mag sie gedacht, gehofft haben. Aber während ihres 20-minütigen Besuches muss ihr schnell klar geworden sein, dass sie sich einer Illusion hingegeben hatte. Franz schien sich bereits mit seinem Schicksal abgefunden zu haben. Er strahlte trotz seiner gefesselten Hände so viel Würde aus, wirkte so ruhig und gelassen, ja fast froh, bald in eine bessere Welt übergehen zu dürfen. Irgendwie konnte sie ihn ja verstehen, obwohl ihr der Gedanke, dass dies ihre letzte Begegnung sein würde, fast das Herz zerriss. Aber sie drang nicht weiter in ihn. Sie wusste, dass er moralisch richtig handelte. Und das allein zählte.

Auch Franz Jägerstätter wusste das. Und nur dieses Bewusstsein konnte ihn die qualvollen 34 Tage und Nächte ertragen lassen, die er noch warten musste, bis er endlich »erlöst« wurde. Er begann sich innerlich auf seinen letzten Gang vorzubereiten und reflektierte noch einmal sein bisheriges Handeln: »Ich werde hier nur wenige Worte niederschreiben, wie sie mir gerade aus dem Herzen kommen. Wenn ich sie auch mit gefesselten Händen schreibe, aber immer noch besser, als wenn der Wille gefesselt wäre ... Zu was hat denn dann Gott alle Menschen mit einem Verstande und freien Willen ausgestattet, wenn es uns, wie so manche sagen, gar nicht einmal zusteht zu entscheiden, ob dieser Krieg, den Deutschland führt, gerecht oder ungerecht ist? Zu was braucht man dann noch eine Erkenntnis zwischen dem, was gut und was böse ist?«

Vergeblich hoffte Franz Jägerstätter allerdings »auf ein Wort des Trostes oder der Ermutigung« von Seiten der Kirche. Nur der Gefängnispfarrer, Heinrich Kreutzberg, gab ihm Rückhalt, indem er ihm vom Schicksal des Tiroler Paters Franz Reinisch erzählte. Reinisch war im August 1942 hingerichtet worden, weil er es ebenfalls aus Gewissensgründen abgelehnt hatte, seiner Einberufung zur Wehrmacht Folge zu leisten. Es gab also noch andere, die ihre Gewissenspflicht über alles andere stellten.

Franz Jägerstätter fühlte sich jetzt sicher und ruhig. Er war eins mit sich und mit Gott. Seine Gedanken konnten sich nun seiner Frau und seiner Familie zuwenden. Er versuchte sie zu trösten und ihnen Mut zuzusprechen, als er am 8. August 1943 schrieb: »Ich wollte, ich könnte euch all dieses Leid, das ihr jetzt um meinetwillen zu ertragen habt, ersparen. Aber wisst das, was Christus gesagt hat: Wer Vater, Mutter, Gattin und Kind mehr liebt als mich, ist meiner nicht würdig.« Und an anderer Stelle heißt es: »Wenn man mich auch des Verbrechens anklagt und des Verbrechens zum Tode verurteilt hat, tröstet euch: Vor Gott ist nicht alles Verbrechen, was vor der Welt als Verbrechen gilt.«

Am nächsten Tag, es war der 9. August 1943, holten ihn um sechs Uhr früh zwei Beamte aus seiner Zelle ab und brachten ihn gemeinsam mit mehreren anderen Gefangenen nach Brandenburg. Noch wusste keiner von ihnen, was mit ihnen geschehen würde. Erst zu Mittag teilte man Franz Jägerstätter mit, dass sein Urteil bestätigt worden war und noch an diesem Tag um vier Uhr nachmittags vollstreckt werden würde ...

Ein paar Zeilen noch an Franziska. Danke »für all die Liebe und Opfer ... verzeiht mir alles ...« Dann führte man ihn als Ersten von 16 Todeskandidaten zum Schafott.

Nach dem Krieg wurde Franz Jägerstätters Asche nach St. Radegund überführt und neben seiner Grabstätte eine Marmortafel mit folgender Inschrift angebracht:

»Wer aber sein Leben um meinetwillen
verliert, wird es finden! Was nützt
es dem Menschen, wenn er die ganze Welt
gewinnt, an seiner Seele aber Schaden leidet.«

Am Todestag des Märtyrers finden seither alljährlich Gedenkfeiern statt. Dennoch versuchte die Diözese Linz jahrelang den Mantel des Schweigens über den Fall Jägerstätter zu breiten. Nur Joseph Karobath bemühte sich das Schicksal seines ehemaligen Pfarrkindes publik zu machen. »Wenn es in diesem gemeinen Krieg einen Helden gegeben hat, dann war es Jägerstätter Franz. Er war ganz sicher ein Heiliger von Format«, schrieb er bereits 1945 in einem Pfarrbrief. Und immer wieder forderte er: »Es darf kein Gras über Franz Jägerstätter wachsen.«

Seine Hartnäckigkeit trug Früchte. 1971 entstand der bereits erwähnte Film von Axel Corti und 1978 würdigte mit Weihbischof Wagner erstmals ein Vertreter der Diözese den Bauern aus St. Radegund. Fünf Jahre danach fand Diözesanbischof Maximilian Aichern endlich klare Worte, als er Franz Jägerstätter anlässlich dessen 40. Todestages ein »Beispiel christlichen Handelns schlechthin« nannte. 1994 wurde schließlich in Rom ein Seligsprechungsverfahren für Franz Jägerstätter eingeleitet.

Nur als Mensch gehandelt

ANTON SCHMID

1900–1942

Das rotgoldene Licht eines neuen Morgens vertrieb die letzten nächtlichen Dunstschleier, die noch über der litauischen Stadt Wilna lagen. Ein heißer, strahlend schöner Sommertag kündigte sich an, ein Sonntag wie geschaffen, sich mit Kind und Kegel ins Grüne aufzumachen, irgendwohin an den Stadtrand oder ans Ufer der Wilija. Eine sonntägliche Sommeridylle eben. Doch an diesem 22. Juni 1941 sollte nichts daraus werden. Denn mit der Morgendämmerung brachen Angst und Schrecken, Verzweiflung und Tod über Wilna herein.

Um 3.15 Uhr drangen deutsche Truppen in sowjetisches Gebiet ein. Der Angriff traf das Land völlig unvorbereitet. Entsprechend groß war die Panik, die nun in den grenznahen Regionen ausbrach.

In Wilna herrschte Bestürzung, vor allem unter den Bolschewiken und ganz besonders unter den jüdischen Bewohnern der Stadt. Man hatte natürlich von den Judenverfolgungen in Deutschland gehört, von den Vorgängen im benachbarten Polen, von den Gettos und von den Konzentrationslagern. In Wilna aber, dem »litauischen Jerusalem«, hatte man sich bis jetzt einigermaßen sicher gefühlt. Die Stadt mit ihren damals 180 000 Einwohnern, von denen etwa ein Drittel Juden waren, blickte auf eine jahrhundertealte jüdische Tradition zurück. Und gehörte Litauen nicht seit dem Vorjahr zur mächtigen Sowjetunion?[7]

Viel Sympathie genossen die neuen, bolschewistischen Machthaber bei den meisten Litauern ja nicht gerade, zumal sie unverzüglich begonnen hatten, das Land auf Regimekurs zu bringen, Grund und Boden zu enteignen und Fabriken zu verstaatlichen. Mit Kritikern wurde ebenso wie mit

---

[7] In den vergangenen zwei Jahrzehnten hatten die Bewohner von Wilna nicht weniger als vier Mal die Nationalität gewechselt. Nach dem 1. Weltkrieg war die bisher russische Stadt dem neu gegründeten Litauen zugesprochen worden. Ab 1920 war sie dann unter polnischer Herrschaft, bis 1939 die Russen in Polen einmarschierten und Wilna wieder an Litauen zurückgaben, bevor sie 1940 den gesamten Baltenstaat der Sowjetunion einverleibten.

der ehemaligen litauischen Führungsschicht nicht gerade zimperlich umgegangen. Tausende wurden damals verhaftet oder in sibirische Arbeitslager deportiert. Trotz alledem aber hatte sich der jüdische Teil der Bevölkerung in Anbetracht der Vorgänge in Deutschland und in den von den Nazis besetzten Gebieten von den Sowjets zumindest einen gewissen Schutz erhofft.

Umso größer war nun der Schock angesichts des deutschen Einmarsches. Überstürzt ergriffen die Juden und die bolschewistische Führungsriege von Wilna die Flucht. Überall herrschte Chaos. Mit ihren hastig zusammengepackten Habseligkeiten strömten die Menschen auf Fahrrädern, zu Fuß oder mit dem Zug in Richtung Osten, gehetzt vom Maschinengewehrfeuer der angreifenden deutschen Flugzeuge. Doch sie kamen nicht weit. An der ehemaligen sowjetischen Grenze versperrten ihnen NKWD[8]-Soldaten den Weg und ließen nur Personen mit Sonderausweisen und Mitglieder der Kommunistischen Partei passieren. Völlig erschöpft und verängstigt mussten die übrigen Flüchtlinge den Rückweg nach Wilna antreten. Nur einer Hand voll von ihnen gelang die Flucht, einige andere konnten sich in den umliegenden Wäldern verstecken. Die meisten aber liefen ihren Mördern direkt in die Arme.

Vom schnellen Vorstoß der Deutschen überrascht hatte sich die Rote Armee kampflos ins Landesinnere zurückgezogen und die Bevölkerung in den Baltenstaaten ihrem Schicksal überlassen.

In den Morgenstunden des 24. Juni 1941 marschierten die ersten deutschen Soldaten in Wilna ein. Nicht wenige Litauer begrüßten die Befreiung von der Sowjetherrschaft, denn sie hofften auf eine Wiederherstellung der Unabhängigkeit ihres Landes. Viele waren daher bereit, mit den Nazis zu kollaborieren und die mit der Wehrmacht eingetroffenen

---

[8] Narodny Komissariat Wnutrennich Del – Volkskommissariat für Innere Angelegenheiten, die Geheimpolizei des stalinistischen Russland

SS-Einsatzgruppen und Sonderkommissionen zu unterstützen. Die bereits im Vorjahr mit deutscher Unterstützung gegründete »Front der litauischen Aktivisten« entfachte unverzüglich die Hatz auf Bolschewiken und Juden im Land. Die NS-Propaganda stellte die Juden als die Hauptverantwortlichen für die Annexion Litauens durch die Sowjets und für die erlittenen Repressionen dar, und zwar mit der Begründung, dass einige wenige höhere Ämter während der Sowjetherrschaft bekleidet hatten. Der in der litauischen Bevölkerung latent vorhandene Antisemitismus wurde dadurch geschürt und so mancher beteiligte sich willig an den nun einsetzenden »Säuberungen«. Schon tauchten die ersten Hakenkreuzbinden an Ärmeln auf. Es kam zu schweren Übergriffen gegen jüdische Mitbürger. Sie wurden auf offener Straße beschimpft und geschlagen, man vertrieb sie aus ihren Wohnungen, plünderte ihre Häuser und Geschäfte. Szenen, wie man sie 1938 in Deutschland und in Österreich erlebt hatte. Die Bilder glichen sich überall, wo sich der braune Terror breit machte.

Ein Augenzeuge berichtete: »Am Morgen des 24. Juni begannen die litauischen Aktivisten und Soldaten im Garten der Franziskanerkirche an der Trockskaja Straße (dort, wo sie sich in der Nacht zuvor in den Hinterhalt gelegt hatten) auf der Straße aufgegriffene Juden und Sowjetsoldaten zu erschießen. Als Erstes wurde eine junge jüdische Frau gefasst. Sie war wohl auf dem Weg zur Arbeit gewesen, nicht ahnend, in welcher Gefahr sie sich befand. Sie wurde vor ein im Garten aufgebautes Maschinengewehr gebracht und sofort erschossen ... Fortlaufend wurden Juden hierhin gebracht, die man irgendwo aufgegriffen hatte. Sie wurden lange verspottet, ins Gesicht geschlagen, aller ihrer Habseligkeiten beraubt und dann erschossen.

Innerhalb von wenigen Stunden waren im Kirchgarten einige Dutzend Menschen ermordet worden ...«

Den Juden von Wilna wurde rasch klar, was sie erwartete. Ihre schlimmsten Befürchtungen sollten sich bewahrheiten.

Bereits der erste Militärkommandant der Stadt, ein gewisser von Ostmann, ließ darüber keine Zweifel aufkommen. Er verhängte das Kriegsrecht über Wilna und ließ 60 Juden gefangen nehmen, die für die Einhaltung der Verordnung haften sollten. Keine dieser Geiseln kehrte jemals wieder zurück.

Als Nächstes wurde am 3. Juli 1941 das Tragen eines Aufnähers mit einem »J« für Jude angeordnet, ab dem 5. Juli durften Juden nur noch in bestimmten Läden einkaufen und dies nur noch zwischen 16 und 18 Uhr, wenn schon fast keine Ware mehr zu bekommen war. Und so ging es weiter. Eine Beschränkung nach der anderen wurde den Juden auferlegt, Betriebe entließen ihre jüdischen Arbeitskräfte, selbst vor den Waisenheimen machte der Rassenwahn nicht Halt. Die Kinder wurden einfach auf die Straße gesetzt und ihrem Schicksal überlassen. In Gruppen oder allein irrten sie mit ihren kleinen Bündeln durch die Stadt und wussten nicht wohin. Aber kaum einer war bereit sie aufzunehmen. Die Brutalität der Besatzer verängstigte selbst Gutwillige. Man wagte nicht zu helfen, zumal auf »Judenbegünstigung« harte Strafen standen. Starr vor Entsetzen sahen die meisten zu, wie die Deutschen und ihre litauischen Helfershelfer wüteten. 5000 Menschen, hauptsächlich junge, jüdische Männer, wurden während der »Säuberungen« in diesen ersten Tagen ermordet.

Unmittelbar danach begannen die neuen Machthaber mit der Errichtung zweier Gettos, eines großen für 45 000 Menschen in der Rudnitskaja Straße und eines kleineren für 15 000 Menschen in der Jewreskaja Straße. Schon am 6. September war alles fertig. Man hatte es eilig. Während man in anderen litauischen Städten zwei Wochen oder mehr für die Umsiedlung der Leute brauchte, zog man in Wilna die Sache an einem einzigen Tag durch. Wie Vieh trieb man die Juden in die Gettos. Überfallsartig holte man sie aus ihren Wohnungen, sie durften nichts mitnehmen, manchen ließ man nicht einmal die Zeit, sich anzuziehen, sodass sie in der Unterwäsche auf die Straße laufen mussten. Wer Schwierigkeiten machte, wurde verhaftet oder gleich an Ort und Stelle erschossen.

Anderswo trat nach der Gettoisierung der Juden zumindest eine kurze Phase der Ruhe ein, in Wilna jedoch ging die Ausrottung der jüdischen Bevölkerung beinahe ohne Unterbrechung weiter. In regelmäßigen Abständen fanden ohne jede Vorwarnung Selektionen oder so genannte »Auskämmaktionen« statt, bei denen willkürlich Hunderte Menschen herausgeholt und abtransportiert wurden. Die meisten wurden sofort nach Ponary gebracht, einem kleinen Vorort von Wilna. Man vermutete zunächst, dass es dort eine Art Sammellager gab, denn niemand wollte glauben, dass deutsche Soldaten auf Frauen und Kinder schossen. Bis die Wahrheit über Ponary durchsickerte: In einem Wäldchen in der Nähe des Dorfes befand sich, was ein Dichter später einen »Menschenschlachthof« nannte. LKW-weise wurden die Juden dorthin gekarrt und erschossen. Stundenlang war manchmal im Umkreis von mehreren Kilometern das Maschinengewehrgeknatter zu hören.

Eines Tages kehrte eine Frau von dort ins Getto zurück, verletzt, blutend, aber wie durch ein Wunder dem Tod entronnen. Sie erzählte, was in Ponary wirklich vor sich ging. Von da an lebten die Wilnaer Juden in ständiger Angst. Allein schon das Wort »Ponary« ließ die Menschen erschaudern.

Das Leben im Getto war die Hölle. Auf engstem Raum waren Tausende Personen zusammengepfercht. Glücklich, wer wenigstens tagsüber herauskam, weil er zu den so genannten »Arbeitsjuden« gehörte, die in den umliegenden Betrieben der Stadt benötigt wurden. Die anderen durften sich nur noch innerhalb des streng abgeriegelten Bezirks aufhalten, dessen einziger Zugang von SS-Soldaten bewacht wurde.

Die hygienischen Zustände im Getto waren schrecklich, es dauerte nicht lange und eine Typhusepidemie brach aus. Medikamente waren kaum noch zu bekommen. Auch die Lebensmittel waren mehr als knapp. Zwar hatten die Gettomauern einige Löcher, durch die dann und wann mutige Burschen krochen, um in der Stadt Nahrung und andere dringend benötigte Güter zu besorgen. Aber so etwas war nur unter höchster Lebensgefahr möglich, denn wer beim Schmuggeln erwischt wurde, wurde gnadenlos erschossen.

Schlimmer noch als Krankheit und Hunger aber war die ständige Angst vor einer neuerlichen »Aktion«. Nur wer einen Arbeitsschein hatte und damit für die Nazis noch von Nutzen war, durfte sich vorläufig einigermaßen sicher fühlen. Wer allerdings nicht im Besitz eines dieser kostbaren Papiere war, der musste zusehen, wie er der Selektion entkam. Da solche Aktionen jedoch stets ohne jede Vorwarnung, oft mitten in der Nacht stattfanden, blieb kaum Zeit, sich zu verstecken. Man zwängte sich in die kleinsten Unterschlupfe in Kellern oder hinter Wänden, stunden-, manchmal sogar tagelang ohne Wasser, ohne Nahrung, oft dem Ersticken nahe. Nicht selten spielten sich dabei erschütternde Tragödien ab, wenn eine Mutter aus Angst vor Entdeckung ihr eigenes Kind erstickte, damit sein Schreien das Versteck nicht verrate.

Bis Mitte Dezember 1941 hatten die Nazis bereits mehr als die Hälfte der 60 000 Wilnaer Juden ermordet.

Bei den brutalen Selektionen im Wilnaer Getto tat sich ein Österreicher besonders hervor: Franz Murer, ein Landwirt aus der Steiermark. Er war im August mit dem Einsatzkommando 3 unter SS-Standartenführer Karl Jäger nach Litauen gekommen und zum stellvertretenden Gebietskommissär von Wilna ernannt worden. Seine Aufgabe war es, die Bevölkerung der Stadt mit Lebensmitteln und Gütern des täglichen Bedarfs zu versorgen. Den Überlebenden des Wilnaer Gettos aber sollte er wegen seines Sadismus für immer in grausiger Erinnerung bleiben.

Einer von ihnen, Jakob Brodi, schilderte im Juni 1963 vor einem Grazer Gericht, wie die Nazis eines Tages alle Juden vor dem Getto-Tor in zwei Gruppen antreten ließen. Die eine Gruppe war als Arbeitskommando eingeteilt, die andere sollte nach Ponary gebracht werden. In dieser Gruppe befand sich der 17-jährige Daniel Brodi, während sein Vater beim Arbeitskommando stand. Als der Junge versuchte sich zu seinem Vater zu schleichen, sah ihn Murer, packte ihn und schlug ihn nieder. Dann zog er eiskalt seine Pistole und erschoss den Jungen vor den Augen seines Vaters.

Ein andermal ließ Murer Frauen und Kinder in einem Teil des Lagers zusammentreiben und befahl die Kinder von ihren Müttern zu trennen und auf die bereitstehenden Lastautos zu verladen. »Babys wurden beiseite geschleudert wie Pakete«, schildert ein Augenzeuge. »Was da geschah, konnte einem das Herz zerreißen. Aber Murer blieb unbewegt. Eine Frau presste ihr Kind an die Brust und wehrte sich gegen den SS-Mann, der es ihr entreißen wollte. Man stieß Mutter und Kind auf den Laster. Sie war Apothekerin, die in Berlin studiert hatte. Verzweifelt schrie sie: ›Ist das die deutsche Kultur?‹ Murer ließ sie von dem Wagen herunterzerren und von seinem Adjutanten Martin Weiß auf der Stelle erschießen. Ihr Körper blieb an einem Stacheldrahtzaun hängen.«

Die Liste der Untaten des »Schlächters von Wilna« war lang. Nach dem Krieg wurde er dafür zur Verantwortung gezogen und von den Sowjets zu 25 Jahren Haft verurteilt, von denen er jedoch lediglich sieben verbüßte. Die Unterzeichnung des österreichischen Staatsvertrages ermöglichte ihm 1955 die Rückkehr in seine Heimat. Ein neuerlicher Prozess gegen ihn endete dort 1963 zur allgemeinen Empörung mit der Einstellung des Verfahrens.

Im Zusammenhang mit den Ereignissen von Wilna steht auch der Name eines weiteren Österreichers. Allerdings auf ganz andere Weise als jener Murers. Anton Schmid, ein kleiner, unscheinbarer Mann mit Oberlippenbärtchen, erschien damals vielen Gettobewohnern als »Lichtgestalt«, ja wie »ein Heiliger« inmitten der Masse brauner Verbrecher und ihrer Mitläufer. Denn er benahm sich und handelte wie ein Mensch, etwas, das in Zeiten institutionalisierter Unmenschlichkeit keineswegs die Norm war.

* * *

Trotz intensiver Recherchen in jüngster Zeit ist nach wie vor wenig über die Person des Anton Schmid bekannt. Er wurde am 9. Januar 1900 in Wien als Sohn eines mährischen Bäckergesellen und späteren Postbeamten geboren. Mit noch nicht 15 Jahren begann er 1914 eine Lehre in der Wiener Telegrafenzentralstation. Im Juli 1918 wurde er zum Militärdienst eingezogen und kämpfte an der italienischen Front für die versinkende Habsburgermonarchie. Nach Kriegsende war er wieder bei der Post tätig, bis er im Juni 1919 sein Dienstverhältnis beendete. Dann verliert sich Schmids biografische Spur für mehrere Jahre. Erst 1926 wird er wieder aktenkundig, als er bei der Wirtschaftskammer das Gewerbe für den Handel mit technischen und elektrotechnischen Geräten anmeldete. Zwei Jahre später eröffnete er im 20. Bezirk zuerst in der Spaungasse, dann in der Klosterneuburger Straße, ein Radio- und Elektrogeschäft. Zu diesem Zeitpunkt war er bereits seit einigen Jahren mit seiner Frau Stefanie verheiratet und Vater einer Tochter namens Gerda.

Anton Schmid wird als ein stiller, einfacher und »gesellschaftlich ungeschickter«, aber warmherziger Mann beschrieben. Wenn man auch nichts von einer tiefen Religiosität Schmids weiß, so dürfte er dennoch ein gläubiger Christ mit gefestigten Ansichten gewesen sein. In seinen späteren Briefen ist immer wieder von Christenpflicht, von Gott und göttlicher Bestimmung die Rede. Er war kein Intellektueller, weder gebildet noch politisch interessiert oder gar engagiert. Mit der Ideologie der Nazis aber hatte dieser Anton Schmid sicherlich zu keinem Zeitpunkt etwas auf dem Hut. Dafür sprechen allein schon seine Taten.

Als gleich nach dem Anschluss 1938 auch in Österreich die Verfolgung der Juden einsetzte, distanzierte sich Anton Schmid nicht nur ganz deutlich davon, sondern trat sogar mutig dagegen auf.

An der Ecke Pappenheimgasse/Klosterneuburger Straße, also in unmittelbarer Nachbarschaft zu seinem Geschäft, befand sich damals die Bäckerei einer Jüdin. Eines Tages kam

Schmid gerade dazu, wie ihr ein junger Nazi die Auslage einschlug. Voller Zorn packte er den Burschen und versetzte ihm ein paar Ohrfeigen. Als er sich dann sogar mit dem herbeigeholten Wachmann anlegte, wurde er auf das Kommissariat in der Pappenheimgasse abgeführt. Der Vorfall scheint zwar für Schmid ohne weitere Konsequenzen geblieben zu sein, doch wurde der menschenfreundliche Elektrohändler aus der Brigittenau damals höchstwahrscheinlich als Querulant oder Judenfreund »vorgemerkt«.

Auch seine beiden jüdischen Mitarbeiter wussten später nur Gutes über Schmid zu erzählen. Er verhielt sich ihnen gegenüber durch und durch loyal und dachte nicht daran, sie wegen der Machtübernahme Hitlers zu entlassen. Als ihre Situation in Wien dann aber lebensgefährlich wurde, verhalf er ihnen vermutlich zur Flucht in die Tschechoslowakei.

Anton Schmid war ganz offensichtlich das, was man einen herzensguten Menschen nennt, und er besaß einen ausgeprägten Gerechtigkeitssinn. Solche Leute aber sah man im Dritten Reich nicht gern. Vielleicht war Schmids Einsatz für die jüdische Bäckerin mit ein Grund dafür, dass er, obwohl schon fast 40 Jahre alt, gleich zu Beginn des Krieges zur Wehrmacht eingezogen wurde. So nach dem Motto: Im Feld würden ihm der »unangebrachte« Altruismus und seine Judenfreundlichkeit schon vergehen.

Im Februar 1940 finden wir ihn jedenfalls bereits als Feldwebel der 2. Kompanie des Landesschützenbataillons XX/XVII im südpolnischen Stalowa Wola. Mitte Juli 1941 wurde er dann dem Stab des Landesschützenbataillons 898 zugeteilt und gehörte damit zu jenen mehr als drei Millionen Soldaten, die Hitler für seine »Operation Barbarossa«, den Überfall auf die Sowjetunion, aufmarschieren ließ.

Wenig später – wann genau, ist nicht bekannt – traf Anton Schmid mit seiner Einheit in Wilna ein. Hier wurde dem Feldwebel aus Wien die Leitung der Versprengtensammelstelle übertragen. Seine Aufgabe war es, Soldaten, die durch die Kämpfe von ihren Einheiten abgekommen waren, wieder in einen Verband einzugliedern. Nur widerwillig übernahm Schmid diese Funktion, nicht so sehr wegen der Arbeit an sich, sondern wohl wegen der Verbrechen, die sich in Wilna vor seinen Augen abspielten.

Trotz Krieg, trotz Nazi-Terror war Anton Schmid ein Mensch geblieben, der sich das Gefühl und den Blick für die Grenze zwischen Gut und Böse bewahrt hatte. Die Unmenschlichkeit, mit der hier gegen die Juden vorgegangen wurde, schockierte ihn. Er hatte ja schon in Wien einiges gesehen, ekelhafte Ausschreitungen, aber das hier …

Damals muss wohl in Anton Schmid der Wille, das Bedürfnis entstanden sein, zu helfen, soweit es ihm eben möglich war. Auf dem Gelände seiner Versprengtensammelstelle in der Kolejova 15 befanden sich auch mehrere Werkstätten für Tischler, Schuster, Schneider und Polsterer, die ihm ebenfalls unterstellt waren und für deren Betrieb er Anspruch auf so genannte »Arbeitsjuden« hatte. Von seinen Arbeitern erfuhr Schmid über die schlimmen Zustände und das Elend im Getto. Er empfand tiefes Mitleid mit diesen geschundenen, gequälten Menschen, die niemanden etwas getan hatten und deren einzige »Schuld« es war, Juden zu sein. Und so fing er wahrscheinlich an, Nahrungsmittel zu besorgen, Milch für die hungernden Säuglinge oder das eine oder andere dringend benötigte Medikament. Durch die Schlupflöcher in der Gettomauer gelangten die Dinge dann irgendwie zu den darbenden Menschen, die für diese oft lebensrettende Hilfe unendlich dankbar waren. Ein Überlebender sagte später: »Für uns im Getto war der schlanke, ruhige Mann in seiner Feldwebeluniform so etwas wie ein Heiliger.«

Um möglichst vielen Menschen zu helfen, forderte Schmid weitere Arbeiter für seine Werkstätten an, mehr als er eigentlich brauchte. Die von ihm ausgestellten »gelben Scheine« wurden zu einer begehrten Kostbarkeit. Die Gettobewohner nannten sie auch »Todesurlaubsscheine«, weil sie ihre Inhaber und deren Familien zumindest vorübergehend vor dem tödlichen Zugriff der Nazis schützten.

Unter den Juden sprach es sich bald herum, dass dieser österreichische Feldwebel ein anständiger Mensch war, der seine Arbeiter gut behandelte und dem man trauen konnte. Schmids lockere Art und seine freundliche Stimme mit dem typischen Wiener Tonfall erweckten Vertrauen. Außerdem soll er sich in Gegenwart seiner Arbeiter auch mehrmals abfällig über die Deutschen geäußert haben. Obwohl er doch selbst Angehöriger der deutschen Wehrmacht war, empfand sich Schmid offenbar als Österreicher und lehnte innerlich das Regime ab, dem er hier dienen musste.

An einem Spätsommerabend des Jahres 1941 kam es schließlich zu einer Begegnung, die für Anton Schmid gewissermaßen die Weichen stellte auf seinem Weg der Menschlichkeit.

Es war bereits nach der Sperrstunde, als sich der Feldwebel auf dem Heimweg zu seiner Wohnung in der Versprengtensuchstelle befand. Plötzlich trat aus dem Dunkel einer Mauernische ein Mädchen heraus und sprach ihn an. Ihr Name war Luisa Emaitisaite, sie war Jüdin und der jüngsten Selektion gerade noch entkommen. Sie flehte ihn an, ihr zu helfen. Schmid überlegte nicht lange, sondern gehorchte einfach seinem Herzen. Er nahm sie in seine Wohnung mit. Am nächsten Tag ging er mit ihr zum Kloster von Ostra Brama und bat dort den Priester Andreas Gdowski um arische Papiere für das Mädchen. Als der Geistliche einwandte, er wisse nicht, wie er dies tun solle, sagte Schmid zu ihm: »Ich bitte Sie, Fräulein Emaitisaite auf kirchlichem Urkundenpapier zu bestätigen, dass sie Ihnen als Katholikin bekannt ist und dass auch ihre Eltern und Großeltern Katholiken waren. Die Familie sei kurz vor dem deutschen Einmarsch von den Russen deportiert worden. Nur die Tochter sei damals entkommen, ihre Papiere dabei aber bei den Russen geblieben. Damit retten Sie ihr das Leben.« Mit den Worten »Gott wird mir diesen kleinen Betrug schon verzeihen« tat der Priester, wie ihm geheißen. Schmid kehrte mit der nunmehr katholischen Luisa in seine Dienststelle zurück und meldete sie dort kurzerhand als neue, zivile Mitarbeiterin der deutschen Wehrmacht an.

Luisa Emaitisaite war allerdings nicht die Erste, der Schmid geholfen hatte.

In der Versprengtenstelle gab es einen Gefreiten namens Max Huppert, der dem Feldwebel treu ergeben war. Der Grund dafür: Er war Jude und trug den Namen eines gefallenen deutschen Soldaten, dessen Papiere ihm Schmid besorgt hatte. Wer wirklich helfen wollte, fand also meistens auch einen Weg. Und Anton Schmid hatte wohl Recht, als er einmal meinte: »Wenn jeder anständige Christ auch nur einen einzigen Juden zu retten versuchte, kämen unsere Parteiheinis mit ihrer Lösung der Judenfrage in verdammte Schwierigkeiten. Unsere Parteiheinis könnten ganz bestimmt nicht alle anständigen Christen aus dem Verkehr ziehen und ins Loch stecken.«

Inzwischen wurde die Lage für die Bewohner des Wilnaer Gettos immer bedrohlicher. Nach den großen »Auskämmaktionen« wurde am 21. Oktober 1941 eines der Gettos liquidiert. Zu diesem Zeitpunkt waren vielleicht noch 20 000 der ehemals 60 000 Wilnaer Juden am Leben. Etwa 12 000 von ihnen lebten im Getto, die Übrigen hielten sich in den Wäldern oder in der Stadt versteckt.

Nun aber gingen die Nazis daran, auch das verbliebene Getto nach und nach zu leeren, indem sie immer wieder selektionierten. Vor allem Kinder, Alte und Kranke wurden systematisch ausgesondert. Die Arbeitsscheine wurden nach und nach reduziert und boten keine absolute Sicherheit mehr, mit dem Leben davonzukommen. Bereits bei der »Säuberungsaktion« vom 1. Oktober 1941 an Jom Kippur etwa hatten litauische Funktionäre ganz einfach die vorgezeigten Arbeitsscheine zerrissen und die Leute kurzerhand abgeführt. Das Morden in Ponary nahm kein Ende.[9]

Verzweifelt suchte man im Getto nach Fluchtmöglichkeiten.

---

[9] Nur 2000–3000 der 60 000 Juden von Wilna sollten letztlich den Krieg überleben.

Vor allem von Seiten der Widerstandsbewegung, die sich unter den eingeschlossenen Juden formiert hatte, gab es diesbezüglich verschiedene Aktivitäten.

So kam es, dass eines Tages ein gewisser Hermann Adler, ein jüdischer Schriftsteller aus Pressburg, der lange Zeit in Deutschland gelebt hatte und nach einer abenteuerlichen Flucht durch halb Europa mit seiner Frau Anita schließlich im Wilnaer Getto gelandet war, im Kloster Ostra Brama bei Pfarrer Gdowski auftauchte. Adler war Mitglied der Widerstandsbewegung und hatte den Auftrag, bei Kirchenbehörden Unterstützung zu suchen. Der Priester hörte sich seine Geschichte an und sagte dann: »Ich glaube, ich weiß einen Ausweg für Sie.« Dann erzählte er ihm von Anton Schmid. Er wisse, dass dieser bereits einmal – aus reinem Mitgefühl – einem jüdischen Mädchen geholfen habe. »Gehen Sie zu dem Feldwebel. Vielleicht kann er Sie retten.«

Adler erhielt vom Judenrat für sich und seine Frau die zum Verlassen des Gettos nötigen Durchlassscheine mit der Auflage, sich bei Schmid für die Rettung möglichst vieler Leidensgenossen einzusetzen.

Kaum hatten die Adlers das Getto verlassen, rissen sie sich die Judensterne herunter und begaben sich zur Versprengtenstelle. Es war der 10. November 1941, als sie Schmid zum ersten Mal gegenüberstanden. Sie erzählten ihm von der Lage im Getto und von den Erschießungen, die dort fast täglich stattfanden. »Ja, ich weiß, das ist furchtbar, was die da machen«, sagte Schmid darauf, »aber das ist nur in Wilna so.« Tatsächlich gab es in anderen, nicht weit von Wilna entfernten Gettos wie Lida, Grodno oder Białystock damals noch keine Massenmorde an Juden. Man lebte dort noch halbwegs unbehelligt. In Białystock, fuhr Adler fort, gebe es zum Beispiel mehrere Betriebe, die für die Wehrmacht tätig seien, aber nicht genügend Arbeiter hätten. Man könnte doch Juden aus dem Wilnaer Getto dorthin bringen und so vor dem Tod retten. Ob er ihnen dabei nicht helfen könne, weil er doch schon einmal einer Jüdin geholfen hatte. Einen Augenblick lang fühlte sich Schmid unter Druck gesetzt. Doch der Plan der Adlers hatte ihm gefallen, sodass er ihnen schließlich seine Unterstützung zusagte.

Schmid brachte das Ehepaar in einem Zimmer seiner Wohnung unter, das ihnen für die nächste Zeit als Versteck dienen sollte. Dann begann man die Durchführung der Rettungsaktionen zu besprechen.

Als Leiter der Versprengtensammelstelle standen dem Feldwebel zwei Lastkraftwägen der Wehrmacht zur Verfügung, um damit Material für seine Werkstätten zu transportieren. Mit diesen Fahrzeugen sollte er nun besonders gefährdete Personen von Wilna nach Białystock oder in ein anderes »sicheres« Getto bringen.

Und so geschah es dann auch. Die Führung der Widerstandsbewegung wählte die zu rettenden Leute aus, für die der Judenrat dann die nötigen Durchlassscheine ausstellte, um sie aus dem Getto schleusen zu können. Mit Hilfe von Hermann Adler wurden sie dann in das Versteck in der Versprengtensammelstelle gebracht, wo sie warteten, bis Schmid seinen nächsten Transport machte. Dieser hatte sich mittlerweile von einem befreundeten Unteroffizier in Białystock Anforderungen für jüdische Zwangsarbeiter besorgen lassen, damit das ganze Rettungsunternehmen einen möglichst legalen Charakter hatte. Zuerst waren es immer nur fünf oder sechs Personen, später bis zu zwanzig oder mehr, die der Feldwebel in seinem Wagen mitnahm. Über mehrere Wochen hindurch führte Anton Schmid nun regelmäßig die lebensrettenden Transporte durch. Die Angst fuhr stets mit, vor allem wegen der zahlreichen Straßenkontrollen, die jedes Mal zu passieren waren.

Zumindest nach außen hin schien Schmid die Dinge jedoch recht locker zu nehmen. Er gab sich fast ein wenig sorglos. Nach jeder erfolgreich verlaufenen Fahrt rief er in der Versprengtensammelstelle an und gab dem getreuen Huppert Bescheid. Dann ging er einen heben.

Aber natürlich musste Schmid wissen, auf welch ein gefährliches Unterfangen er sich hier eingelassen hatte. Auf »Judenbegünstigung« stand immerhin die Todesstrafe. Trotzdem hatte er keinen Augenblick gezögert, als sich ihm die Möglichkeit zur Hilfeleistung eröffnete. Auf die Frage, warum er das alles tue, wo er sich damit doch selbst in Lebensgefahr bringe, soll er einmal geantwortet haben: »Krepieren muss jeder. Wenn ich aber wählen kann, ob ich als Mörder oder als Helfender krepieren soll, dann wähle ich lieber den Tod als Helfer.« Und er nahm auch kein Geld für seine Hilfe, was er so begründete: »Ich bin kein Händler und will keine Geschäfte machen. Ich bin ein Mensch und will Menschen in ihrem Unglück helfen.« Ob Schmid diese Aussprüche tatsächlich getan hat oder ob sie ihm erst später in den Mund gelegt wurden, lässt sich nicht mehr feststellen. Sein Verhalten kommentieren sie allemal.

Insgesamt rettete Anton Schmid in jenen paar Wochen zwischen November 1941 und Januar 1942 etwa 250 bis 300 Menschen vor dem sicheren Tod.

In der zweiten Januarhälfte 1942 aber schlug schließlich das Schicksal zu. War es Verrat? Hatte Schmid, der ganz gerne einen über den Durst trank, etwas ausgeplaudert? War er zu unvorsichtig gewesen, zu leichtgläubig? Oder aber war es auch nur eine Verkettung unglücklicher Umstände gewesen, die zur Aufdeckung seiner Rettungsaktionen führte. Einer Version zufolge war es Gestapo-Beamten im Getto Lida aufgefallen, dass dort viele Juden aus Wilna lebten. Als man der Sache nachging, stieß man auf den Namen von Anton Schmid. Einer anderen Version nach wurde er von zwei deutschen Soldaten in Wilna verraten.

Fest steht lediglich, dass der Feldwebel eines Nachts – er hatte gerade wieder einen Transport durchgeführt – verhaftet wurde.

Am 25. Februar 1942 wurde er vor das Feldgericht der Feldkommandantur 814 gestellt und zum Tode verurteilt. Sein Verteidiger versuchte zwar mildernde Umstände geltend zu machen, indem er erklärte, Schmid sei bei seinen Transporten immer ordnungsgemäß mit Papieren ausgestattet gewesen und habe stets geglaubt, die Juden würden in den anderen Gettos von der Wehrmacht gebraucht, doch der Feldwebel selbst wollte keine Ausreden und sagte einfach die Wahrheit: er habe die Juden befördert, schlicht und einfach, um sie zu retten. An etwas anderes habe er dabei nie gedacht.

Schmids Ehefrau in Wien war natürlich in heller Aufregung, als sie von der Verhaftung ihres Gatten erfuhr. Sie wandte sich an das Kriegsgericht mit der Bitte um Aufklärung, bekam aber am 16. März 1942 lediglich die Antwort, man könne ihr keine nähere Mitteilung machen, da das Verfahren noch anhängig sei.

Wenige Wochen später hielt sie einen Brief ihres Mannes in Händen, datiert mit 9. April 1942, in dem stand: »Deine beiden Briefe mit Dank gestern erhalten. (Es) freut mich, dass ihr, meine Lieben, gesund und alles bei euch in Ordnung ist. Ich kann dir heute schon alles oder mein Schicksal, das mich ereilte, mitteilen. Aber eines bitte ich dich: bleibe stark, wenn du weiterliest. Es ist leider so, bin zum Tode verurteilt vom Kriegsgericht in Wilna ... Man kann nichts dagegen machen als ein Gnadengesuch ... glaube aber, dass es abgewiesen wird, da bis jetzt alle abgewiesen wurden. ... Will dir noch mitteilen, wie das Ganze kam. Hier waren sehr viele Juden, die vom litauischen Militär zusammengetrieben und auf einer Wiese außerhalb der Stadt erschossen wurden, immer so 2000–3000 Menschen. Die Kinder haben sie auf dem Wege gleich an die Bäume geschlagen usw., kannst dir ja denken. Ich musste, was ich nicht wollte, die Versprengtenstelle übernehmen, wo 140 Juden arbeiteten. Die baten mich, ich soll sie von hier wegbringen ... Da ließ ich mich überreden. Du weißt ja, wie mir ist mit meinem weichen Herz. Ich konnte nicht denken und half ihnen, was schlecht war, von Gerichts wegen. Denke dir, meine liebe Stefi und Gertha, dass es ein harter Schlag ist für uns, aber bitte, bitte verzeiht mir. Ich habe nur als Mensch gehandelt und wollte ja niemandem wehtun ...«

Am Tage seiner Hinrichtung schrieb Schmid noch ein letztes Mal an seine Frau und versuchte ihr noch einmal alles zu erklären und sie zu trösten: »Meine liebe Steffi! Deiner denkend in Freud und Leid, teile ich dir, mein Alles, mit, dass heute mein Urteil geflossen ist und ich von dieser Welt scheiden muss, bin zum Tode verurteilt worden. Bitte dich, bleibe stark, und baue auf Gott, unseren Herrn, der jedem sein Schicksal bestimmt. Ich konnte nichts mehr ändern, sonst hätte ich dir und Gerti alles erspart: Darum bitte verzeihe mir, ich wollte bestimmt nicht euch diese Schmerzen bereiten, aber leider geht es anders nicht mehr. Ich bin bereit zu sterben, da Gott es so will, und sein Wille geschehe. Damit müsst ihr euch abfinden. Bitte noch einmal, vergesst den Schmerz, den ich euch, meine Lieben, bereite, und schweigt darüber. Ich habe ja nur Menschen, obwohl Juden, gerettet von dem, was mich ereilte, und das war mein Tod ...
Meine Lieben, bitte euch noch einmal, vergesst mich, es sollte eben so sein, das Schicksal hat es so gewollt. Nun schließe ich meine letzten Zeilen, die ich euch noch schreibe, und grüße und küsse ich euch und dich, mein Alles, auf dieser und der anderen Welt, wo ich bald in Gottes Hand bin. Noch vielmals, dein euch ewig liebender TONI.«
Am 13. April 1942 um 15 Uhr wurde Anton Schmid von einem Erschießungskommando im Wilnaer Stefanka-Militärgefängnis hingerichtet. Sein Leichnam wurde auf dem Soldatenfriedhof in Antakalis bei Wilna beigesetzt.
Anton Schmids Witwe in Wien erfuhr von der Hinrichtung ihres Gatten durch einen Brief des Kriegspfarrers Fritz Kropp, der dem Feldwebel bis zuletzt beigestanden hatte. Sie wagte jedoch kaum ihre Trauer zu zeigen. Im Bezirk hatte man erfahren, dass Anton Schmid hingerichtet worden war, weil er Juden geholfen hatte. Vom nazistischen Rassenwahn verblendete Nachbarn hatten daraufhin nichts Besseres zu tun als die Witwe des »Verräters« zu beschimpfen und zu bedrohen. Einmal warf man ihr sogar die Fensterscheiben ein.

Stefanie Schmid überlegte sich sogar, mit ihrer Tochter wegzuziehen, doch sie blieb. Sie wollte sich nicht vertreiben lassen. Tapfer hielt sie durch und führte das Geschäft ihres Gatten weiter. Auch nach dem Krieg stand sie noch jahrelang jeden Tag hinter dem Ladentisch und schlug sich mehr schlecht als recht durch die letzten Jahre ihres Lebens. Und sie wartete darauf, dass man ihrem Gatten endlich Gerechtigkeit widerfahren ließ. Sie musste lange warten.

Dem jüdischen Schriftsteller Hermann Adler, der an Schmids Rettungsaktionen beteiligt gewesen war, gelang die Flucht zunächst nach Warschau und dann nach Budapest. Dort geriet er jedoch in die Hände der Deutschen und wurde in das KZ Bergen-Belsen deportiert. Nach seiner Befreiung ließ er sich in der Schweiz nieder und setzte nun alles daran, die Taten seines Retters einer breiten Öffentlichkeit bekannt zu machen. In »Ostra Brama. Legende aus der Zeit des großen Untergangs« setzte er ihm 1945 ein Denkmal. Und auch im Vorwort zu seinem im selben Jahr ebenfalls in Zürich erschienenen Gedichtband »Gesänge aus der Stadt des Todes« gedachte er Anton Schmids, »der durch ein deutsches Kriegsgericht zum Tode durch Erschießen verurteilt wurde, weil er Verfolgte rettete ...«

Nur langsam begann die Geschichte von dem mutigen Feldwebel aus Wien Kreise zu ziehen. Erst durch den Eichmann-Prozess, der 1961 unter weltweitem Interesse in Israel stattfand, gelang sozusagen der Durchbruch. Der Zeuge Abba Kovner erwähnte damals in seiner Aussage den Namen Anton Schmid, jenes Mannes, der ihm geholfen hatte, mit gefälschten Papieren in einem Wehrmachtsfahrzeug aus dem Getto von Wilna zu entkommen.

Auf Grund dieser und anderer Zeugenaussagen nahm man in Israel Anton Schmid in die Reihe der »Gerechten der Völker« auf. Am 16. Mai 1967 wurde ihm posthum die Ehrenmedaille des Staates Israel verliehen. Die Plakette trägt das Bild der Erinnerungsstätte Yad Washem in Jerusalem und den Namen des Geehrten mit der Widmung »Das jüdische

Volk in Dankbarkeit« sowie das hebräische Sprichwort »Wer ein einziges Menschenleben rettet, rettet die ganze Welt«. Im Beisein von Bundeskanzler Klaus, Bürgermeister Marek, Kardinal König, des päpstlichen Nuntius sowie zahlreicher weiterer Vertreter aus Politik und Kirche übernahm Anton Schmids Witwe die Auszeichnung aus den Händen des israelischen Botschafters.

Von österreichischer Seite erfolgten hingegen bisher nur sehr zaghafte Schritte zum Gedenken und zur Ehrung Anton Schmids. Erst mit vierjähriger Verspätung strahlte etwa der ORF den 1968 von Hermann Adler und Hans Wiemuth für das ZDF gestalteten Dokumentarspielfilm über den Judenretter aus Wien aus. Dann dauerte es fast 20 Jahre, bis man sich seiner wieder erinnerte. Am 27. Oktober 1990 brachte der Radiosender Ö1 in der Sendung »Hörbilder« einen Beitrag aus Deutschland, in welchem Hermann und Anita Adler über die Rettungsaktionen des Anton Schmid erzählten.

Und im Dezember desselben Jahres erhielt auf Grund eines Beschlusses des Wiener Gemeinderates eine Wohnungsanlage in der Pappenheimgasse 31 im 20. Bezirk den Namen »Anton-Schmid-Hof«. Damit aber schlief das offizielle Interesse an dem mutigen Feldwebel auch schon wieder ein. Zu mehr konnte man sich für den »österreichischen Oskar Schindler« in seiner Heimat offenbar nicht durchringen.

Anderswo dagegen sehr wohl. Erst kürzlich zeichnete die Republik Litauen Anton Schmid für seine Verdienste posthum mit dem Lebensretterkreuz aus. Und in Deutschland wurde nach längerem Bemühen auf Initiative von Verteidigungsminister Rudolf Scharping am 8. Mai 2000 die Heeresflugabwehr-Schule im schleswig-holsteinischen Rendsburg in »Feldwebel-Schmid-Kaserne« umbenannt. In seiner Ansprache erklärte der Minister, mit Anton Schmid ehre die Bundeswehr einen Mann, der Menschlichkeit, Mut und Zivilcourage bewiesen habe – Tugenden, »die für jeden Soldaten Auftrag und Verpflichtung sind«. Und Fritz Stern, Träger des Friedenspreises des Deutschen Buchhandels, mahnte in seiner Rede die bislang vernachlässigte Ehrung auch jener Menschen ein, die wie Anton Schmid in jenen finsteren Zeiten »aktiven Anstand« bewiesen haben.

STILLE HELDEN

Gemeinsam mit Anton Schmid wurden am 16. Mai 1967 noch weitere Österreicher vom Staat Israel als »Gerechte der Völker« geehrt, denen es – im Unterschied zu Schmid – vergönnt war, ihre Auszeichnung persönlich entgegenzunehmen. Auch sie hatten unter Einsatz ihres eigenen Lebens jüdischen Mitbürgern geholfen, der Vernichtung durch die Nazis zu entkommen.

Danuta und Ewald Kleisinger
Kaum hatten die Deutschen im September 1939 Polen unter ihre Herrschaft gebracht, begannen sie mit der Verfolgung der Geistlichkeit und der Eliten des Landes. Hunderttausende verschwanden damals in deutschen Konzentrationslagern.

Unmittelbar danach wandten sich die neuen Herren Polens der Ausrottung der jüdischen Bevölkerung zu. Zunächst wurde im Oktober 1940 das Warschauer Getto errichtet. Auf vier Quadratkilometern zusammengepfercht mussten dort mehr als 500 000 Menschen hausen. Die Lebensbedingungen waren entsprechend katastrophal, sodass bereits in den ersten anderthalb Jahren 100 000 Gettobewohner durch Hunger oder Krankheit zu Grunde gingen. Die Übrigen wurden ab Ende 1941 nach und nach in die Vernichtungslager deportiert.

In der Hölle des Warschauer Gettos konnte man eigentlich nur überleben, wenn man Hilfe von draußen erhielt. Und die gab es tatsächlich. Über das Kanalsystem wurden immer wieder Lebensmittel und Medikamente zu den Not Leidenden geschmuggelt. Auf demselben Weg brachte man Kinder aus dem Getto heraus, um sie bei polnischen Familien zu

155

verstecken, die mit dieser Geste der Menschlichkeit ihren stummen Widerstand gegen die deutschen Besatzer demonstrierten.

In Warschau lebte damals die Familie Tschelpinski mit ihrer Tochter Danuta. Sie hatten das Glück, arische Vorfahren zu haben, und blieben daher von den neuen Machthabern weitgehend unbehelligt. Doch einige von Danutas Freunden waren Juden und hatten daher ins Getto umsiedeln müssen. Seither setzte die junge Frau alles daran, um ihnen ihr Los zu erleichtern. Mit Hilfe eines bestochenen Wachpostens versorgte sie ihre Freunde mit Essen und Geld und sicherte ihnen damit das Überleben. Zunächst jedenfalls.

Denn die größte Gefahr ging bald von den Selektionen und Deportationen aus, gegen die auch Danuta trotz allen Engagements machtlos war. Nachdem im Januar 1942 auf der Wannsee-Konferenz die so genannte »Endlösung« beschlossen worden war, verschärfte sich die Lage für die Bewohner des Warschauer Gettos zusehends. 300 000 von ihnen waren bereits auf den Transport nach Auschwitz oder Treblinka geschickt worden. Anfang 1943 kippte die Situation ins Hoffnungslose.

Etwa zur selben Zeit wurde dem Wehrmachtsoffizier Dr. Ewald Kleisinger bei der Familie Tschelpinski eine Wohnung zugewiesen. Verständlich, dass die Tochter des Hauses angesichts ihrer Hilfsaktivitäten für die Insassen des Warschauer Gettos nicht gerade begeistert darüber war. Aber ihr Misstrauen verschwand bald. Denn Kleisinger, ein Akademiker aus Wien, erwies sich als äußerst sympathischer, höflicher Mann, der ganz und gar nicht den Typ des scharfen Nazis verkörperte. Zwischen Danuta und ihm entwickelte sich bald eine echte Freundschaft, die allerdings schon kurz darauf auf die Probe gestellt wurde.

Im April 1943 brach im Getto der Aufstand aus. In ihrer verzweifelten Lage lehnten sich die noch verbliebenen 60 000 Juden gegen die deutschen Besatzer auf, in der Hoffnung, damit vielleicht wenigstens noch ein paar Leben zu retten.

Danuta Tschelpinska bangte um ihre Freunde, als der Bezirk plötzlich in Flammen stand. Doch sie blieb nicht untätig. Im allgemeinen Durcheinander gelang es ihr mit Hilfe des bestochenen Postens, zwei ihrer Freunde und die Mutter des einen quasi in letzter Sekunde aus dem Inferno herauszuholen, bevor die Deutschen dort alles niedermetzelten. Doch gleich darauf stand sie vor der Frage: Wohin mit ihnen?

Die einzige Möglichkeit war die eigene Wohnung. Aber dort befand sich ja der deutsche Offizier! Gut, sie hatte Kleisinger mittlerweile als liebenswürdigen und warmherzigen Menschen kennen und schätzen gelernt. Aber reichte das? Was wusste sie denn sonst noch über ihn? Was, wenn er vielleicht doch ein fanatischer Nazi und Antisemit war?

Aber mangels Alternative musste sie das Risiko eingehen. Sie nahm also ihren ganzen Mut zusammen, ging zu Kleisinger und erklärte ihm kurz und bündig, dass sie sein Zimmer für eine jüdische Familie benötige.

Der Offizier war über diese Eröffnung zunächst völlig vor den Kopf gestoßen. Erschrocken versuchte er der jungen Frau klar zu machen, in welche Gefahr sie damit sich, ihre Eltern und natürlich auch ihn bringen würde. Ob sie denn nicht wisse, dass bei Judenbegünstigung das Standrecht gelte. Sein Widerstand währte jedoch nur kurz, dann siegten sein fühlendes Herz und seine Menschlichkeit über die Angst. Ewald Kleisinger hatte nicht vergessen, was er ein Jahr zuvor erlebt hatte.

Es war im Mai 1942 gewesen, als er gemeinsam mit einem zweiten Offizier nach Wlodzimierz kam, einem früher mehrheitlich von Juden bewohnten Ort. Der Anblick, der sich ihnen bot, war gespenstisch: menschenleere Straßen, eingetretene Türen, zerbrochene Fensterscheiben. Sie fragten zwei Feldgendarmen, die gerade ihren Weg kreuzten, wo denn die jüdischen Bewohner seien. »Die haben wir abtransportiert«, antworteten diese ungerührt. »So etwa 20 000, ein paar leben noch in den umliegenden Wäldern, die anderen wurden liquidiert. Jeweils fünf auf einmal, nachdem sie sich vorher ihr Grab geschaufelt hatten.« Auf die Frage, wie sie das haben tun können, erwiderten die beiden: »Wir haben vorher getrunken.«

Kleisinger war nach diesem Gespräch völlig verstört. Es war das erste Mal, dass er mit Verbrechen in Berührung gekommen war, über die er bis jetzt nur gerüchteweise etwas gehört hatte. Als er später allein in seinem Quartier war, ließ er seinen Gefühlen freien Lauf. »Ich scheue mich nicht, es zu sagen, dass ich damals einen Weinkrampf bekommen habe«, erklärte er Jahre später.

Die Erinnerung an dieses grauenvolle Erlebnis lenkte von nun an Kleisingers Handeln. Er stellte sein Zimmer für Danutas jüdische Bekannte zur Verfügung. Mehr noch, er stellte sich, jetzt wo er ohnedies schon mit drin hing, ganz in den Dienst der guten Sache, indem er für die drei gefälschte Papiere besorgte.

Als »ukrainische Fremdarbeiter« gelangten die Verfolgten schließlich nach Wien, wo Kleisingers Eltern ihnen Unterschlupf gewährten. Einer der Geretteten, Josef Kremsin, sagte später: »Sie versorgten uns mit Nahrung und Kleidung, ohne sich um das Risiko zu kümmern, das mit Hilfe für Juden verbunden war.« Alle drei überlebten dank Danuta Tschelpinska und Ewald Kleisinger den Krieg.

Die gemeinsam durchgestandene Gefahr hatten die junge Polin und den Offizier aus Wien einander noch näher gebracht. Als alles vorüber war und die Welt langsam wieder zur Normalität zurückkehrte, heirateten sie und ließen sich in Wien nieder.

Julius Madritsch und Raimund Titsch

Irgendwann gegen Ende des Jahres 1940 verließ der Unternehmer Julius Madritsch Wien in Richtung Krakau. Man hatte ihn soeben vom Kriegsdienst freigestellt, damit er im Generalgouvernement, wie die Deutschen die besetzten polnischen Gebiete nannten, zwei Textilbetriebe als Treuhänder übernehmen konnte. Eine Produktionsstätte befand sich im Bezirk Podgórski, direkt in der Stadt, die andere, die er später kaufte, lag in Tarnow, einem Vorort von Krakau.

Als tüchtiger Geschäftsmann erkannte Madritsch sogleich die Chance, die sich ihm hier auftat. Er stellte die Produktion auf Uniformen und Hemden für die Wehrmacht um, was für ihn und seine Beschäftigten mit recht beachtlichen Privilegien verbunden war. So galten seine Arbeiter und Angestellten jetzt als »kriegswichtig«. Wie bedeutsam das war, sollte sich aber erst herausstellen.

Der Wiener war übrigens nicht der Einzige, der in Krakau auf lukrative Geschäfte hoffte. Kurz vor ihm war bereits der durch den Spielberg-Film berühmt gewordene Oskar Schindler in der Hauptstadt des Generalgouvernements eingetroffen und hatte hier eine ehemalige Emailwarenfabrik übernommen, die zunächst auf die Herstellung von Feldküchen, später dann auch von Munitionsteilen spezialisiert war.

Der Sudetendeutsche Schindler und der Wiener Madritsch wurden bald miteinander bekannt, denn sie verkehrten in Krakau in denselben Kreisen und hatten mit denselben Leuten und Behörden zu tun. Sie waren etwa gleich alt, beide Anfang dreißig, und an guten Geschäften interessiert. Doch von ihrer Art her waren die beiden Männer völlig verschieden. Schindler war ein Lebemann, wie er im Buche steht, großspurig, genusssüchtig und ein Spieler-Typ. Madritsch dagegen ruhig, vorsichtig, zurückhaltend und bieder. Und dennoch gab es etwas, das sie von Anfang an und für die nächsten Jahre miteinander verband: Menschlichkeit.

Sie waren damit gleichsam die Antipoden des berüchtigten Generalgouverneur von Polen, Hans Frank, der nach dem Krieg in Nürnberg als Kriegsverbrecher verurteilt und hingerichtet werden sollte. Frank hatte ein großes Ziel: Er wollte Krakau so schnell wie möglich »judenfrei« machen. Keine leichte Aufgabe, da aus Deutschland laufend deportierte Juden in Polen eintrafen.

Im März 1941 ließ er schließlich die 18 000 der ursprünglich 60 000 jüdischen Bewohner Krakaus, die noch nicht »freiwillig« weggegangen waren, in einem Getto zusammentreiben, das wegen der laufenden »Zugänge« aus dem Reich ständig überquoll.

Ein Verlassen des Gettos, das eine Fläche von gerade einmal 600 mal 400 Metern umfasste, war nur noch für jene möglich, die einen Arbeitsschein für einen der umliegenden Betriebe besaßen. Solche Scheine waren entsprechend begehrt, da sie zumindest vorübergehend ihre Inhaber und deren Familien vor den gefürchteten »Aussiedlungen« bewahrten, mit denen die SS schon wenige Monate nach der Errichtung des Gettos begann.

Unter den Juden kursierte damals eine Liste von »anständigen« Unternehmern, von denen man zumindest wusste, dass sie ihre Arbeiter menschlich behandelten, sie weder schlugen noch schikanierten und von denen daher vielleicht Hilfe zu erwarten war. Ganz oben auf dieser Liste standen die Namen von Oskar Schindler und Julius Madritsch.

Viele Juden aus dem Getto bemühten sich deshalb um eine Anstellung in Schindlers »Emalia« oder in Madritschs Uniformnäherei. Und die beiden Unternehmer zeigten sich gerne bereit, jüdische Arbeitskräfte aufzunehmen, denn sie waren billiger als polnische. Aber das war nicht der einzige Grund. Denn um die Mitte des Jahres 1942 machten sie eine Erfahrung, die ihre geschäftlichen Interessen mit einem Schlag in den Hintergrund treten ließ.

Im Juni und im Oktober 1942 fanden im Krakauer Getto drei groß angelegte Aktionen statt, bei denen insgesamt 1000 Juden erschossen und über 13 000 in die Vernichtungslager von Auschwitz und Belzec abtransportiert wurden.

Julius Madritsch und sein Betriebsleiter Raimund Titsch, der ihn nach Krakau begleitet hatte, wurden eines Tages Zeugen einer solchen »Aussiedlung«, ein Eindruck, den sie nie vergessen sollten. Sie standen gerade in der Nähe des Gettotores, als einige hundert »Arbeitsunfähige«, also mehrheitlich Alte und Kranke, brutal aus dem Getto heraus in Richtung Bahnhof getrieben wurden. Auf den Gesichtern der Menschen spiegelten sich Angst und Verzweiflung wider. Doch weder Tränen noch Bitten konnten die SS-Leute von ihrem erbarmungslosen Geschäft abhalten. Immer wieder fielen Schüsse. Hinter den Menschenkolonnen fuhren zwei Lastwägen, einer mit Sand, welcher auf die Blutspuren geworfen wurde, einer für die Leichen. Die, die lebend am Bahnhof ankamen, wurden in Viehwagons gepfercht und abtransportiert. Nie wieder hat jemand etwas von ihnen gehört.

Nur ein einziges Mal kehrte einer der »Ausgesiedelten« ins Getto zurück und erzählte von dem, was im Lager Belzec vor sich ging: Alle, die dorthin kamen, wurden in die Gaskammern geschickt und ihre Leichen hernach verbrannt.

Madritsch und Titsch waren zutiefst entsetzt darüber, dass man so mit Menschen umgehen konnte. Und spätestens damals wurde ihnen wohl bewusst, dass eine menschliche Behandlung ihrer jüdischen Arbeitskräfte, die für sie ohnedies immer eine Selbstverständlichkeit war, nicht genügte. Sie wollten, sie mussten mehr tun, sie mussten diesen »Menschen in Not« helfen.

Ein ähnliches »Schlüsselerlebnis« hatte auch Oskar Schindler im Juni 1942. Während eines Ausrittes mit seiner Geliebten musste er von einem Hügel aus eine so genannte »Auskammaktion« im Getto mit ansehen. Er sah, wie Menschen mit brutaler Gewalt aus ihren Häusern gezerrt und beim geringsten Widerstand sofort erschossen wurden. Eine Frau hatte sich mit ihrem kleinen vor Angst zitternden Sohn unter einen Fenstervorsprung gekauert. Die Hunde aber spürten sie auf. Ein SS-Mann trat heran, erschoss zuerst die Frau und dann das Kind. Schindler wurde übel bei diesem Anblick, er musste vom Pferd steigen und sich für eine Weile an einem Baum festhalten. Dieser Tag, der ihm die Auswüchse von Hitlers Judenpolitik erstmals vor Augen geführt hatte, sollte über sein künftiges Handeln entscheiden.

Fortan gab es für Schindler, Madritsch und Titsch nur noch ein Ziel: So viele Menschen wie möglich zu retten. Was in ihrer Macht stand, wollten sie dazu beitragen.

Madritsch baute seinen Betrieb weiter aus, indem er neben seinen beiden Fabriken auch Werkstätten in den Gettos von Bochnia und Tarnow mit Lohnaufträgen beschäftigte. Außerdem erreichte er die Anerkennung seiner Betriebe als »Rüstungsbetriebe«, was mit einer Reihe von Privilegien verbunden war wie etwa Extra-Lebensmittelrationen für seine Arbeiter. Immer wieder forderte er zusätzliche »Arbeitsjuden« an unter dem Vorwand, er brauche sie für kriegswichtige Arbeiten, in Wahrheit, um möglichst viele von ihnen vor den Gaskammern zu bewahren. Auf diese Weise fanden fast 4000 Menschen in seinen Fabriken zumindest vorübergehend Schutz vor der Verfolgung durch die Nazis.

Julius Madritsch begann so etwas wie Verantwortung für seine Arbeiter zu empfinden. Es verstand sich von selbst, dass es in seinen Betrieben weder Schläge noch Schikanen gab. Die Leute wurden ausreichend ernährt und im Krankheitsfall medizinisch versorgt. Einigen half er auch unterzutauchen, indem er ihnen Geld gab und bei Zählungen falsche Angaben machte. Diese Art der Fluchthilfe war naturgemäß nur in sehr begrenztem Maße möglich, wenn sie nicht auffallen sollte.

Im Februar 1943 allerdings verschlechterte sich die Situation für die Juden von Krakau beträchtlich. Ein Mann namens Amon Leopold Göth, seines Zeichens SS-Hauptsturmführer, traf in Krakau mit dem Auftrag ein, das Getto aufzulösen. Die »Arbeitsfähigen« sollten in das Lager Plaszow verlegt werden, mit dessen Errichtung im vergangenen Sommer begonnen worden war, auf alle anderen wartete die Deportation.

Im Getto brach Panik aus. Auch Schindler, Madritsch und Titsch lief es bei dieser Nachricht kalt über den Rücken, zumal sie sich eingestehen mussten, dass sie dieser Maßnahme machtlos gegenüberstanden. Immerhin gelang es einem anderen, am Tag vor der Liquidation wenigstens einige Familien aus dem Getto herauszuschleusen. Sein Name war Oswald Bosko.

Bosko, ein gebürtiger Sudetendeutscher, hatte in Wien Theologie studiert und war ähnlich wie Schindler anfangs ein Anhänger des Nationalsozialismus gewesen. Aus diesem Grund hatte er sich auch zur SS gemeldet, ein Schritt, den er allerdings bald bereute. Und zwar so sehr, dass er dafür Buße tun wollte, in dem er nationalsozialistische Maßnahmen sabotierte.

In Krakau war Bosko als Wachtmeister für den Außenbereich des Gettos verantwortlich und er wusste ganz genau, was dort vor sich ging. Es war im Oktober 1942 während der großen Aktion gewesen, als er Dutzende Kinder in Pappkartons aus dem Getto geschmuggelt und dann bei polnischen Familien untergebracht hatte. Bosko stellte auch Passierscheine für Angehörige der jüdischen Widerstandsbewegung aus und verschaffte ihnen falsche Papiere.

Jetzt, als das Getto liquidiert wurde, half er erneut. In der Dämmerung führte er mehrere Familien auf Schleichwegen aus dem Getto heraus und brachte sie in den Keller von Madritschs Uniformfabrik. Die kleineren Kinder wurden in Rucksäcken herausgetragen. Damit sie die Rettungsaktion nicht durch Schreien verraten konnten, hatte man sie vorher sicherheitshalber betäubt.

In den folgenden Tagen wurden die Leute dann in kleinen Gruppen nach Bochnia und Tarnow gebracht, wo es noch Gettos gab. Einigen dieser Familien gelang von dort die Flucht in die Slowakei oder nach Ungarn.

Oswald Bosko schloss sich nach seiner Rettungsaktion den polnischen Partisanen an in der Hoffnung, damit dem nationalsozialistischen Terror rascher ein Ende machen zu können. Eines Tages aber fiel er der Gestapo in die Hände und im September 1944 wurde er als Verräter hingerichtet.

Am 13. März 1943 erfolgte die Liquidierung des Krakauer Gettos durch die SS. Die Aktion artete in ein Massaker aus, bei dem 700 Menschen den Tod fanden. 2300 wurden in die Vernichtung geschickt, die Übrigen, etwa 10 000 an der Zahl, in das Lager Plaszow überstellt, wo laufend auch Juden aus anderen, aufgelösten Gettos landeten.

Oskar Schindler hatte sich erfolgreich geweigert, seinen Betrieb nach Plaszow zu übersiedeln, und lieber auf eigene Kosten für seine Arbeiter ein »Nebenlager« auf dem Gelände seiner Fabrik errichtet. Madritsch dagegen verlegte seine Werkstätten nach Plaszow. In fünf Baracken waren dort Nähmaschinen aufgestellt, an denen die zugeschnittenen Stoffe, die seine Konfektionsfabrik in Podgórski anlieferte, zusammengenäht wurden. An die 2000 Menschen fanden dadurch eine Beschäftigung, Menschen, um deren Überleben Julius Madritsch von nun an mit allen Mitteln kämpfte. 232 von ihnen konnte er aus Plaszow wieder herausholen, indem er sie am 25. und 26. März 1943 »zwecks Beschleunigung eines dringenden Rüstungsauftrages« in seiner Tarnower Fabrik mit Lastwägen in das dortige Getto bringen ließ.

Dank der billigen jüdischen Arbeitskräfte verdiente Madritsch gut, sehr gut sogar. Doch er wollte sich nicht am Elend dieser Menschen bereichern. Daher »investierte« er einen Teil des Gewinns in Bestechungsgelder, mit denen er sich das Wohlwollen der nationalsozialistischen Behörden und Beamten auch weiterhin sicherte und damit bei seinen Hilfsaktionen tunlichst unbehelligt blieb. Den anderen Teil stellte er für den Ankauf zusätzlicher Lebensmittel für seine Arbeiter zur Verfügung.

Diese Aufgabe oblag seinem Freund und Betriebsleiter, Raimund Titsch. Titsch besorgte mit Madritschs Geld wöchentlich etwa 6000 Laib Brot auf dem Schwarzmarkt, um die teilweise schwer unterernährten Arbeiter am Leben zu erhalten. Das Brot gelangte mit den Stofflieferungen aus der Madritsch-Fabrik in Podgórski in das Lager.

Titsch, gebürtiger Wiener, war ein stiller, blasser Mann Anfang vierzig. Auf Grund einer Verletzung aus dem Ersten Weltkrieg hinkte er ein wenig und war deshalb kriegsuntauglich. Er hatte es sich zur Aufgabe gemacht, den ihm unterstellten jüdischen Arbeitskräften das Leben so weit wie möglich erträglich zu gestalten. Dazu gehörte nicht nur die Versorgung mit Brot, sondern auch zum Beispiel die Übermittlung von Nachrichten aus dem englischen Radio, was, wie es ein Überlebender später bezeichnete, »eine Quelle des Trostes und der Aufmunterung für Tausende Gefangene von Krakau« darstellte. Darüber hinaus fungierte Titsch als Verbindungsmann zu polnischen Bekannten seiner jüdischen Arbeiter, die regelmäßig Nahrungsmittelpakete besorgten, welche er dann ins Lager schmuggelte. Jeder, der den Wiener kennen lernte, lobte »seine Anständigkeit, seinen Charakter und seine Hilfsbereitschaft für seine Mitmenschen«, zumal diese damals mit Lebensgefahr verbunden war.

Eine Geste der Menschlichkeit setzte auch Julius Madritsch, als er im September 1943 ins Getto kam, um seinen jüdischen Arbeitern ein gutes neues Jahr zu wünschen. »Die ganze Tiefe und Bedeutung dieser Stellungnahme für unglückliche verlassene Menschen wie wir wird ein Fremder nicht verstehen«, sagte 1946 eine Überlebende.

Trotz der redlichen Bemühungen von Madritsch und Titsch aber war und blieb Plaszow für die Inhaftierten die Hölle. Dies lag in erster Linie am Lagerleiter, Amon Leopold Göth. Göth war etwa gleich alt wie Schindler und Madritsch, also Anfang dreißig, und ebenfalls Österreicher, womit die Gemeinsamkeiten allerdings auch schon erschöpft waren. Denn er entpuppte sich rasch als eine der widerlichsten Kreaturen, die der braune Irrsinn je hervorgebracht hat. Er völlerte, soff und frönte einem ausschweifenden Sexualleben. Das Schlimmste an ihm war jedoch sein Sadismus, dem er beinahe ungehemmt nachgab. Das Quälen von Menschen bereitete ihm ein abartiges Vergnügen. So hatte er etwa die Angewohnheit, vom Balkon seiner Villa aus auf die Insassen des Lagers zu schießen, als handle es sich um Schießbudenfiguren und nicht um Menschen.

Schindler, Madritsch und Titsch verachteten Göth aus ganzem Herzen, ja sie hassten ihn. Aber sie waren nun einmal gezwungen, mit ihm auszukommen. Also benützten sie seine Laster, um ihn sich gewogen zu machen. Sie bestachen ihn mit Geld, beschenkten ihn mit erlesenen Weinen und anderen Köstlichkeiten und sie besorgten ihm eine Freundin. Das einzig Gute an Göths Primitivität war, dass er die Absichten der beiden Unternehmer nicht durchschaute. Ebenso wenig durchschaute er die Strategien des Raimund Titsch.

Der Betriebsleiter der Madritsch-Werkstätten war Göths bevorzugter Schachpartner. Begonnen hatte alles mit einer Partie, die Titsch auf Grund seiner spielerischen Überlegenheit in wenigen Zügen für sich entschieden hatte. Worauf Göth wutschnaubend aus dem Zimmer gestürmt war und alle schon fürchteten, er würde seinem Ärger mit »Schießübungen« auf die Häftlinge Luft machen. Aber weit gefehlt! Göth kehrte schon wenige Augenblicke später zurück und bat in aller Ruhe um eine Revanche. Titsch ergriff die Chance. Von da an gewann er kein einziges Mal mehr. Zuvor aber zog er die Partie über mehrere Stunden hinaus und verschaffte auf diese Weise den Lagerinsassen zumindest eine kurze Zeitspanne der Ruhe, in der sie nicht fürchten mussten von Göth schikaniert oder erschossen zu werden.

Dieser stille, unscheinbar wirkende Mann pflog noch ein weiteres Hobby: das Fotografieren. Mit seiner Kamera dokumentierte er so den Lageralltag, aber auch seine Hilfsaktionen wie etwa einmal eine illegale Brotverteilung. Auch vom »Satan« Amon Göth machte er eine Reihe aussagekräftige Bilder. Allerdings ließ er die Fotos nie entwickeln, sondern verwahrte die Filmrollen in einer Kassette. Nach dem Krieg konnten sie ihm ja vielleicht als Dokumentationsmaterial dienlich sein.

Tatsächlich schien sich damals bereits das Ende des Krieges anzubahnen.

Die russische Front rückte näher. Das Tragische war jedoch, dass sich damit die Situation für die Juden lebensgefährlich verschärfte. Anfang Januar 1944 wurde das Lager Plaszow in ein Konzentrationslager umgewandelt. Das bedeutete neue Selektionen und Deportationen.

Am 14. Mai 1944 kam es in Plaszow zu der berüchtigten »Kinderaktion«. Die damals zwölfjährige Jüdin Stella Müller erlebte alles hautnah mit. Noch Jahre später erinnerte sie sich mit Grauen an die erschütternden Szenen, die sich dabei abspielten:

»Auf dem Appellplatz stehen sämtliche Insassen des Lagers, einschließlich der Mannschaft, Amon Göth und seine Hunde ... Mit der Peitsche winkt er [Göth] die Lastwagen herbei, die sofort dicht an die diszipliniert und reglos dastehenden Kinder heranfahren.

Der ganze Platz gerät in Bewegung. Väter und Mütter schluchzen. Mehrere Deutsche springen von den Lastwagen. Aus den Kehlen der Kinder, die bislang still wie Puppen und starr vor Entsetzen dastanden, dringen flehentliche Schreie. Jetzt werden die Kinder von den Schergen zu den Lastwagen getrieben. Sie schreien um Hilfe: ›Mama, Papa. Helft mir! Ich will nicht, ich habe Angst, holt mich hier weg!‹

Ein ganz kleines Kind versucht auf allen vieren zu fliehen. Eine Aufseherin drischt mit der Peitsche auf das Kind ein, als hätte sie nur auf diesen Augenblick gewartet. Teilnahmslos packt sie es bei den Händchen und wirft den kleinen Körper wie einen Sack auf die Ladefläche. Es ist nicht zu ertragen. Der ganze Appellplatz heult auf, die Peitschen sausen nieder, die Hunde bellen ... Gleichzeitig fahren die Lastwagen zum Lagertor. Die Kinder schreien gellend ... Aus den sich langsam entfernenden Lastwagen strecken sich verzweifelt Händchen heraus. ...«

1500 Kinder, Alte und Kranke wurden an diesem Tag in die Vernichtung nach Auschwitz geschickt.

Im August 1944 lief schließlich auch für die noch verbliebenen Häftlinge, unter ihnen die 2000 Mitarbeiter der Madritsch-Werkstätten, die Frist ab. Die Deutschen befanden sich auf dem Rückzug und hatten beschlossen, das Konzentrationslager Plaszow aufzulösen und alle rund 25 000 Insassen nach Auschwitz beziehungsweise nach Groß-Rosen zu deportieren. Dass der verhasste Amon Göth am 13. September 1944 in Wien wegen Devisenvergehens verhaftet wurde, änderte an diesem Beschluss nicht das Geringste. Es kam eben ein anderer, um die Liquidation von Plaszow durchzuführen.

Die Stimmung unter den Lagerinsassen, aber auch bei ihren Helfern war verzweifelt. So lange hatte man nun schon durchgehalten und jetzt sollte alles umsonst gewesen sein!

Das war die Stunde des Oskar Schindler. Unter enormen Anstrengungen und mit ebenso großem finanziellen Aufwand erlangte er innerhalb der folgenden Wochen die Genehmigung, seine Fabrik ins mährische Brünnlitz zu verlegen und »seine« Juden mitzunehmen. Sie seien »kriegswichtige« Arbeiter und die Munitionsteile, die sie herstellten, könnten über Sieg oder Niederlage der deutschen Wehrmacht entscheiden, hatte er den Behörden erfolgreich eingeredet.

Madritsch dagegen hatte beschlossen, seinen Betrieb in Drosendorf in Niederösterreich weiterzuführen. Allerdings wurde sein Ansuchen, seine jüdischen Arbeiter ebenfalls dorthin verlegen zu dürfen, abgelehnt. Aus Berlin erhielt er den lapidaren Bescheid: »Uniformen sind keine kriegsentscheidende Fertigung, kämpfen kann man auch in Zivilkleidern, jüdische Arbeitskräfte dürften nur mehr der Munitionsfertigung zur Verfügung gestellt werden!« Damit gab sich der Unternehmer geschlagen. Er hatte offenbar keine Kraft mehr, weiterzukämpfen. Schindler versuchte noch ihn zu überreden, seine Maschinen zurückzurufen und mit ihm nach Brünnlitz zu gehen, aber Madritsch glaubte einfach nicht mehr, damit noch irgendjemanden retten zu können.

Immerhin aber gelang es Raimund Titsch, etwa 70 bis 100

der Madritsch-Juden auf Schindlers Liste zu setzen, die er gemeinsam mit diesem zusammenstellte und die knapp 1200 Namen umfasste. Diese wenigen sollten letztendlich den Nazi-Terror überleben.

Gerade als die letzten »Schindler-Juden« im November im rettenden Brünnlitz eintrafen, wurde Julius Madritsch in Krakau verhaftet. Grund dafür soll die Erwähnung seines Namens in einer polnischen Untergrundzeitung gewesen sein. Dank der Intervention guter Freunde aber kam er schon eine Woche später wieder frei.

Nach dem Krieg veröffentlichte Madritsch eine Broschüre mit dem Titel »Menschen in Not. Meine Erlebnisse der Jahre 1940–1944 als Unternehmer im damaligen Generalgouvernement«. Er starb 1984 in Wien.

Auch Raimund Titsch lebte bis zu seinem Tod im Jahre 1976 in Wien. Lange Zeit ahnte niemand, welch wertvoller »Schatz« sich in seinem Besitz befand: die Fotos aus seiner Krakauer Zeit. Er hatte sie immer noch nicht entwickeln lassen. Denn nachdem die Zeitungen über seine Aktionen zur Rettung von Juden berichtet hatten, erhielt er Drohbriefe, die ihm offenbar solche Angst einflößten, dass er die Kassette mit den Filmrollen in einer Parkanlage vergrub. Erst als Leopold Pfefferberg, einer der überlebenden »Schindler-Juden«, 1963 an ihn wegen der Fotos herantrat, holte er sie wieder hervor und verkaufte sie ihm um 500 Dollar mit der Bedingung, die Bilder erst nach seinem Tod zu veröffentlichen. So geschah es dann auch. Heute stellen die Fotos unschätzbare zeitgeschichtliche Dokumente aus einer der dunkelsten Epochen der Menschheitsgeschichte dar.

Julius Nataly

Eine Rotte Hitlerjungen stürmte eines Tages in das Büro des Druckerei-Besitzers Julius Nataly in Pressburg. »Sie haben hier Juden«, brüllte einer. »Natürlich«, brüllte Nataly zurück, »aber das geht Sie nix an!« Auf diese gänzlich unerschrockene Reaktion waren die Braunhemden nicht gefasst gewesen, sodass ihnen auf einmal die Worte fehlten. Etwas betreten machten sie sich wieder davon.

Julius Nataly, Jahrgang 1901 und gebürtiger Wiener, lebte seit seiner frühesten Kindheit in Bratislava, wo er nach dem Ersten Weltkrieg die Druckerei seines Vaters übernahm. Was den antifaschistischen Widerstand betraf, so konnte er schon auf eine gewisse Erfahrung zurückblicken, hatte er doch zwischen 1934 und 1938 verschiedene illegale Zeitschriften für die österreichischen Sozialdemokraten gedruckt. Auf jeden Fall war der 37-Jährige keiner, der sich von ein paar nationalsozialistischen Rotzbuben so schnell einschüchtern ließ.

Dennoch nahm Julius Nataly diesen Besuch als eine Warnung. Denn es war unübersehbar, dass der NS-Terror auch in der seit März 1939 unabhängigen Slowakei Einzug gehalten hatte. Der junge Staat stand in einer so genannten »Schutzfreundschaft« mit dem Deutschen Reich, was nichts anderes bedeutete, als dass er seine Außen- und Wehrpolitik mit Hitler abstimmte. Außerdem waren deutsche Truppen in der Westslowakei stationiert. Und nicht nur, dass sich die Slowakei am Polen- und später auch am Russlandfeldzug der Deutschen beteiligte, sie billigte und unterstützte auch die Deportation von Juden aus ihrem Hoheitsgebiet.

Der ungute Auftritt in seinem Büro stellte für Julius Nataly somit das Signal dar, dass er zu Gunsten seiner jüdischen Freunde und Mitbürger aktiv werden musste. Zunächst gelang es ihm, seine beiden jüdischen Angestellten davon zu überzeugen, dass sie im Betrieb sicherer waren als zu Hause. Zwischen Papierballen und Druckereimaschinen richtete er ihnen eine Schlafstätte ein. Unglücklicherweise unterschätzten die beiden jedoch den Ernst ihrer Lage und wagten sich eines Abends wieder in ihre Wohnungen, was ihnen zum Verhängnis wurde: Sie sind nie wieder aufgetaucht.

Natalys Hilfsbereitschaft sprach sich unter den Verfolgten herum, je größer die Gefahr der Deportation wurde. Da er natürlich nicht jeden in seinem Betrieb verstecken konnte, suchte und fand er andere Unterschlupfmöglichkeiten für sie, meist in einem der »Bunker«, die sich verfolgte Juden gegraben hatten und die sich in der ganzen Stadt verstreut befanden. Auch Gelles, Natalys ehemaliger Papierlieferant, hielt sich mit 16 Freunden und Verwandten in einem solchen Bunker versteckt. Nataly hatte es übernommen, sie mit Lebensmitteln und Nachrichten zu versorgen. »Keine Arbeit war ihm zu schwer, kein Opfer zu groß«, lobte Ruth Gelles später seinen Einsatz für sie und ihre Familie. Einmal suchte er in der ganzen Stadt die Tochter eines der Versteckten und brachte sie zu ihnen. Ein andermal holte er einen Rabbiner in einer abenteuerlichen Aktion in den sicheren Bunker. Der Rabbi war aus einem Zug abgesprungen, welcher ihn nach Auschwitz hätte bringen sollen, und hatte sich dabei den Fuß verletzt. Zum Glück fand er in dem Dorf St. Georgen Bauern, die ihn aufnahmen. Diese informierten eine slowakische Schneiderin, welche sich wiederum an Nataly um Hilfe wandte. Nataly fuhr unverzüglich nach St. Georgen, forderte den Rabbi auf, sich den Bart zu rasieren, und verkleidete ihn als slowakischen Weinbauern. Bei Nacht und Nebel legten sie dann einen 18 Kilometer langen Marsch vorbei an deutsche Posten zurück, bis sie schließlich wohlbehalten in Preßburg ankamen und der Rabbi bei den Gelles unterkam.

Als die Zahl der Hilfesuchenden immer größer wurde und die Gefahr für die Untergetauchten stieg und stieg, kam Nataly auf eine geniale Idee. Wozu besaß er denn eine Druckerei! Wozu hatte er denn dieses Gewerbe erlernt! Jetzt boten ihm seine Kenntnisse die Möglichkeit, Menschen zu retten. In mühevoller nächtlicher Arbeit fing er an falsche Papiere für seine verfolgten Freunde und deren Angehörige herzustellen. Zunächst produzierte er Taufscheine von Gemeinden, von denen er wusste, dass deren Matrikelnbücher verbrannt waren und eine Überprüfung daher nicht möglich war.

Später fertigte er dann auch Pässe verschiedener südamerikanischer Staaten an. Der Aufwand und die Tüftelei, die die

Herstellung des Papieres mit Wasserzeichen und Unterdruck, das Einfärben des Leinens für die Einbände und das Kopieren der Stempel erforderte, lohnte sich. Natalys Pässe waren von so hoher Qualität, dass selbst die Behörden der Staaten, auf die sie ausgestellt waren, die Fälschung nicht erkannten. Natürlich war bei der ganzen Aktion äußerste Vorsicht geboten, denn es konnte gut sein, dass er, Nataly, im Visier der mit den Nazis sympathisierenden slowakischen Polizei stand, nachdem sein Betrieb einmal wegen des Druckens illegaler Flugschriften für ein Jahr gesperrt worden war.

Seine Tätigkeit jedoch blieb unerkannt, sodass er zwischen 1943 und 1944 Hunderte falscher Pässe herstellen konnte. Wie vielen Menschen er damit das Leben retten konnte, darüber gibt es keine genauen Zahlenangaben.

Als es nach 1945 schließlich um sein eigenes Schicksal ging, war Julius Nataly weniger erfolgreich. Wegen seiner »deutschen Volkszugehörigkeit« wurde sein Betrieb damals enteignet und er selbst zweimal in einem Lager interniert. Dank einiger Menschen, die er einst gerettet hatte, kam er dort aber jedes Mal wieder heraus. Da man ihm die Ausreise in sein Geburtsland Österreich verweigerte, musste er sich die nächsten Jahre als Arbeiter in einer Druckerei durchschlagen. Und wieder halfen ihm seine Freunde. Sie besorgten ihm die Papiere des in Auschwitz ermordeten Adam Herstein, mit denen er schließlich 1949, begleitet von seiner Frau Margarethe und seiner Tochter, nach Israel auswandern konnte.

1955 kehrte Julius Nataly mit seiner Familie nach Wien zurück, wo er für gehörige Verwirrung sorgte, als er erklärte, dass sein israelischer Pass, ausgestellt auf den Namen Adam Herstein, zwar echt sei, er in Wirklichkeit jedoch Julius Nataly heiße. Die Angelegenheit brachte ihm sogar eine Anklage wegen »Irreführung der Behörden« ein, eine Bagatelle, die ihn angesichts all dessen, was er bis dahin schon erlebt hatte, wohl nicht besonders erschüttert haben wird.

LITERATURVERZEICHNIS

Adler, Hermann: Gesänge aus der Stadt des Todes, Zürich 1945
Aicher-Scholl, Inge (Hg.): Sippenhaft, Frankfurt am Main 1993
Arendt, Hannah: Eichmann und die Juden, 1964
Atamuk, Solomon: Die Juden in Litauen, Konstanz 2000
Benz, Wolfgang (Hg.): Judenmord in Litauen. Studien und Dokumente, Berlin 1999
Bergmann, Georg: Ein Leben vom Gewissen entschieden. Franz Jägerstätter, Stein am Rhein 1980
Binder, Gerhart: Geschichte im Zeitalter der Weltkriege, Stuttgart 1977, Bd. I
Biron, Georg: Die letzte Beichte. Geschichte eines Verrates, Wien 1988
Braunauer Zeitgeschichte Tage 4/1995: Der notwendige Verrat
Brauneis, Inge: Widerstand von Frauen in Österreich, Diss. Wien 1974
Das Dritte Reich: Ein Volk, Ein Reich, Ein Führer. Eine historische Collage..., 1. Teil, Band 2
Das Geheimnis der Erlösung heißt Erinnerung, zus. gest. v. R. Koch, R. Mader, E. Müller, Klosterneuburg 1990
Degasperi, Ernst: Licht in der Finsternis des Franz Jägerstätter, Katalog zur Ausstellung, Wien 1992
Dumbach, Annette: Die Geschichte der Weißen Rose, Wien 1994
Ganglmair, Siegwald: Feldwebel Anton Schmid, unveröffentl. Manuskript, Wien o.J.
Gardiner-Buttinger, Muriel: Codename »Mary«, London 1983
Glaser, Anna (Hg.): Zehn Gerechte. Erinnerungen aus Polen an die deutsche Besatzungszeit 1939–1945, Wien 1996
Grießinger Andreas: Grenzgänger am Bodensee, Konstanz 2000
Gunn, Thom: Collected Poems, London 1994
Haasis, Hellmut: »Den Hitler jag' ich in die Luft«. Der Attentäter Georg Elser, Berlin 2001
Hintersteiner Karin: Christlicher Glaube und politisches Handeln, Dipl. Arb., Wien 1995
Jens, Inge (Hg): Hans und Sophie Scholl. Briefe und Aufzeichnungen, Frankfurt 1983
Keneally, Thomas: Schindlers Liste, Gütersloh 1994
Klusacek, Christine: Die österreichische Freiheitsbewegung (Gruppe um R. K. Scholz) Wien 1968
Leisner, Barbara: Sophie Scholl. Ich würde es genauso wieder machen, München 2000
Lill, Rudolf: Hochverrat?, Konstanz 1993
Madritsch, Julius: Menschen in Not, Wien 1962
Mikrut, Jan: Österreichs Kirche und der Widerstand 1938–1945, Wien 2000
Müller-Madej, Stella: Das Mädchen von der Schindler-Liste, Augsburg 1996
Münchner Gedenkvorlesungen: Die Weiße Rose, München 1993
Ortner, Helmut: Der einsame Attentäter, Göttingen 1993
Pax Christi International: Dokumente zum 50. Todestag von Franz Jägerstätter, Linz 1993
Pfeifer, Edda: Beiträge zur Geschichte der österreichischen Widerstandsbewegung des konservativen Lagers 1938–1940, Diss. Wien 1963
Putz, Erna: Franz Jägerstätter ... besser die Hände als der Wille gefesselt, Linz 1985
Dies: Gefängnisbriefe und Aufzeichnungen. Franz Jägerstätter verweigert 1943 den Wehrdienst, Linz 1987
Reger, Hans: Das Urteil wird vollstreckt, Wien 1977
Reimann, Viktor: Fünf ungewöhnliche Gespräche, Wien 1991
Riedl, Alfons (Hg.): Franz Jägerstätter, Wien 1997
Rill, Robert: Geschichte des Augustiner Chorherrenstiftes Klosterneuburg 1938–1945, Wien 1985

Rosenberg, Erika (Hg): Ich, Oskar Schindler, München 2000
Samalavicius, Stasys: An outline of Lithuanian history, Vilnius 1995
Schmid, Anton: Anton Schmid. Broschüre des BM f. Verteidigung Bonn, Mai 2000
Schmölzer, Hilde: Revolte der Frauen, Wien 1999
Schneider, Michael C.: Keine Volksgenossen, München 1993
Scholl, Inge: Die weiße Rose, Frankfurt 1984
Scholz, Roman Karl: Ich werde immer bei euch sein, Klosterneuburg 1997
Steffahn, Harald: Die Weiße Rose, Hamburg 1992
Steinbach, Peter: »Ich habe den Krieg verhindern wollen« – Georg Elser und das Attentat vom 8. November 1939, Berlin 1997
Ders.: Lexikon des Widerstands in Deutschland 1933-1945, München 2000
Steiner, Herbert (Hg): Käthe Leichter, Leben und Werk, Wien 1973
Ders.: Gestorben für Österreich. Widerstand gegen Hitler. Eine Dokumentation, Wien 1968
Ders.: Zum Tode verurteilt. Österreicher gegen Hitler, Wien 1964
Steinhoff, Marc: Widerstand gegen das Dritte Reich im Raum der katholischen Kirche, Frankfurt am Main 1997
Sur, Grigorij: Die Juden von Wilna, München 1999
Trampe, Gustav (Hg.): Menschlichkeit in unmenschlicher Zeit. Berlin 1995
Vogl, Friedrich: Widerstand im Waffenrock, Wien 1977
Weinzierl, Erika: Zu wenig Gerechte. Österreicher und Judenverfolgung 1938–1945, Graz 1997
Dies.: Prüfstand. Österreichs Katholiken und der Nationalsozialismus, Wien 1988
Wiesenthal, Simon: Doch die Mörder leben, München 1967
Wiesinger, Marion: Vom Umgang der österreichischen Justiz mit nationalsozialistischen Gewaltverbrechen, Diss. Wien 1991
Winkelbauer, Martin: Das Vermächtnis, Wien 1991
Zentner, Kurt: Illustrierte Geschichte des Widerstandes, München 1966

Archive:
Dokumentationsarchiv des Österreichischen Widerstands (DÖW), Wien

Zeitungen:
Frankfurter Rundschau 8. Mai 2001
Kurier 25. Februar 1967, 8. Mai 2000, Juni 1963
Arbeiter Zeitung 17. Mai 1967
Wiener Zeitung 23. Februar 2001
Die Presse 9. Mai 2000, 21. August 1962,
profil 25. April 1988
Der Standard 9. Mai 2000
Der Ausweg 3, 1965 Nr. 5
Der Freiheitskämpfer 1972 Nr. 5
Rot-Weiß-Rot 1/2001
Gegen Vergessen Nr. 26/ September 2000
Die verlorene Insel Nr. 5 Februar 1998
Linzer Diözesanblatt 1933

Bild- und Tonquellen:
»Feldwebel Schmid«, Dokumentarspielfilm von Hermann Adler und Hans Wiemuth, Sator-Film-GmbH., Hamburg 1968
»Feldwebel Schmid – Die Geschichte einer Rettung«, Hörbilder, Ö1/ORF, 27. Oktober 1990
»Der Fall Jägerstätter«, Dokumentarspielfilm von Axel Corti, ORF 1971

PERSONENREGISTER

Adler, Hermann 146f., 151f.
Adler, Anita 146f.
Aichern, Bischof Maximilian 132
Aichhorn, August 19
Auer, Hildegard 115

Bachmeier, Franz 113
Bauer, Dr. Otto 20
Bernfeld, Siegfried 19
Bonaparte, Marie 27
Bongartz, Theodor Heinrich 56
Bosko, Oswald 163
Brandauer, Klaus Maria 57
Brodi, Daniel 140
Brodi, Jakob 140
Brög, Johann 48, 50
Brunswick, Dr. Ruth 12, 16ff., 20
Buttinger, Joseph 22f., 26f., 31

Cookridge, E. H. 21
Corti, Axel 128, 131

Deutsch, Julius 20
Dollfuß, Engelbert 19f., 23

Eickemeyer, Manfred 99, 105
Elser, Georg 9, 33ff.
Elser, Leonhard 45
Elser, Ludwig 35, 37
Elser, Maria 35, 37
Emaitisaite, Luisa 144f.

Fließer, Dr. Josephus Calasanctius, Bischof 124f.
Freisler, Roland 108
Freud, Dr. Anna 10, 19, 32
Freud, Dr. Sigmund 12, 17, 32
Fürthauer, Ferdinand, Vikar 120, 124, 127, 129

Gardiner, Connie 18, 22, 26f., 30f.
Gardiner, Julian 18
Gardiner-Buttinger, Muriel 9, 11ff.
Gdowski, Andreas 144, 146
Gföllner,Johannes Maria, Bischof 116, 119, 124
Goebbels, Joseph 68
Göring, Hermann 43
Göth, Amon 162, 165ff.
Graf, Willi 102, 105, 109

Haecker, Theodor 99
Härlen, Elsa 41, 44, 54

Hartmann, Otto 73, 75ff.
Heine, Heinrich 95
Hitler, Adolf 7, 19, 23ff., 34, 37ff., 60, 66f., 84, 87ff., 116ff., 142
Huber, Prof. Kurt 99f., 109
Huppert, Max 145, 147

Jägerstätter, Franz 9, 112ff.
Jägerstätter, Heinrich 113
Jägerstätter, Franziska 116, 125, 128ff.
Jägerstätter, Rosalia geb. Huber 113

Karobath, Pfarrer Joseph 116f., 120, 124, 131
Kastelic, Dr. Jakob 75, 80
Kleisinger, Danuta 155ff.
Kleisinger, Dr. Ewald 155ff.
Kovner, Abba 151
Kreutzberg, Pfarrer Heinrich 130
Kühmayer, Kaplan Ignaz 74

Lechner, Franz Xaver 55
Lederer, Dr. Karl 76, 80
Lehmann, Fritz 64, 73, 77
Leichter, Käthe 29
Leichter, Otto 29
Linda, Propst Alipius Josef 74

Madritsch, Julius 158ff.
Morris, Edward 13
Morris, Helen geb. Swift 13
Morris, Nelson 13
Murer, Franz 139f.
Muth, Carl 98f.

Nataly, Julius 169ff.
Niedermann, Mathilde 37

Pfefferberg, Poldek 169ff.
Philby, Kim 22
Pius XI., Papst 68f.
Probst, Christoph 98f., 106, 108

Rau, Eugen 36
Reimann, Dr. Viktor 64f.
Reinisch, Franz 130
Renner, Dr. Karl 70

Schindler, Oskar 155, 159ff.
Schmauder, Familie 45, 47
Schmid, Anton 9, 133ff.
Schmid, Gertrude 141
Schmid, Stefanie 141, 149ff.

175

BILDNACHWEIS

Bildarchiv der Österreichischen Nationalbibliothek: 59
Dokumentationsarchiv des Österreichischen Widerstands: 11, 111, 133
Institut für Zeitgeschichte, Wien: 33
Ullstein Bilderdienst: 83

In jenen Fällen, in denen die Urheberrechte nicht geklärt werden konnten, bleiben berechtigte Ansprüche gewahrt.